ロングセラー商品でつづる昭和のくらし

まだある。

こども歳時記

夏休み編

初見健一

大空出版

まえがき――終わらない夏休み

人間が一生のうちに体験するさまざまな解放感のなかでも、もっとも強烈かつ純粋なのが小学生時代に味わう「一学期の終わり」の解放感ではないかと思う。なにしろ「明日から夏休みっ！」だ。

中高生、まして大学生にもなると、部活がどうの、バイトがどうの、受験がどうの、就活がどうのとかいったアレコレの現実にも考えが及んでしまい、夏休み直前の解放感にもかなりの不純物が混ざる。大人になってからのことは言わずもがなだ。

が、小学生は違う。掛け値なし一〇〇パーセント、完全無欠の解放感と自由に、まさに手放しで浸りきることができる。夏休みはその後も何度もめぐってくるが、これほど無防備な気持ちになれるのは、一生のうちでも小学生時代の六回にわたる夏休みだけだ。

真夏の四〇日間。不思議なもので、大人にとっての一カ月と一〇日など、本当に「あっ！」という間だ。が、七月下旬の小学生には、九月のことなどは想像もできないほど先の話。彼らの時間感覚では、四〇日間はほとんど永遠に近い。永遠につづく「終わらない夏休み」を目前に、子どもたちは、もう、なにをどうしていいのかわからないほどの幸福感に胸をふくらませる。その幸福感の数パーセントでもいい、本書を読む大人の方々が、それぞれの思い出のなかで再び味わいなおしていただければと思う。

夏休みはいつか終わる。大人であれば誰もがそれを知っている。子どもたちでさえも、八月も下旬になれば永遠に思えた夏休みが「あっ!」という間に終わることに気づいて、半ベソをかきながら宿題に追われることになる。「永遠の自由」など存在しない。それを何度も思い知らされることによって、子どもは大人になっていくのだろう。

しかし、記憶のなかの夏休みは依然として完全無欠だ。どんな大人のなかにも、夏休みを永遠だと感じた子ども時代の「勘違い」が刻まれているから。夏休みの記憶は、今もあの日に感じた「永遠の自由」の幸福感に満ちている。

この「終わらない夏休み」の思い出を反芻《はんすう》して、人知れずニヤニヤしたり、ウットリしたりするのは、まさに大人の特権だと思う。

まだある。こども歳時記　夏休み編　目次

凡例

❶本書は、主に一九七〇年代の小学生の夏休みのくらしを描きながら、そこに登場するさまざまな商品について、現在も購入可能なものをピックアップして紹介した。すでに絶滅した商品についても、復刻されたり、後に類似のものが他社から発売されるなどしている場合は、それらの商品も取りあげた。

❷商品情報ページ以外(本文中やコラムなど)では、終売になったものなど、現行品ではない商品も取りあげた。

❸商品の発売年に関して、メーカーが発売年を正確に特定できないものについては、「一九六〇年ごろ」「一九六〇年代前半」などと表示した。完全に不明なものについては「不明」と記した。

❹価格については、メーカー希望小売価格が設定されているものは、その金額を税込みで表示した。ただし発売元の方針で税込み価格を表示できないものについては、発売元の指示に従った。また、価格設定のないものに関しては「オープン価格」などと表示した。

終業式——「それでは、また九月に会いましょう！」

どうせ、もうすぐ夏休みだし

「あとは野となれ山となれ」という痛快な言葉があるが、一学期の終わりが近づくにつれて、子どもたちは徐々に、そんな浮かれきった無責任な気分に満たされていく。

子どもの社会にも、その都度いろいろな懸案事項というものがある。「あいつとケンカしたまま口をきいてない」とか、「学級文庫の本を借りたままなくしちゃった」とか、「掃除用具入れに隠した割れた花瓶にそろそろ先生が気づきそう」とか、早急に対応すべ

き問題はあるにはあるのだが、七月のなかば以降になると「どうでもいいや。どうせ、もうすぐ夏休みだし」ですべてが済まされるような雰囲気が教室に漂いはじめる。

この無責任ムードがピークに達するのは、もちろん終業式当日だ。この日の教室は独特の空気で満たされる。記憶を思いおこすと、いつもより白々と明るく輝いて見えるような教室の光景がよみがえってくる。誰もがまさに「心ここにあらず」。男子も女子もガヤガヤと落ち着きなくしゃべりつづけ、普段なら「ふん、つまんない」と対応するような友だちのヘタなギャグにも、アハハハ！と声をあげて笑う。目前の自由への興奮と期待、そして、やはりちょっと投げやりな「どうでもいいや」感がないまぜとなって、教室のそこら中に「ワクワク」という卜書きの文字が見えるようだ。

通信簿と肝油ドロップ

この「ワクワク」に水を差すのは、もちろん先生の仕事。

校庭での終業式では、校長先生が「早寝早起き」「規則正しい生活」「盛り場に出入りしない」などなどのお決まりの言葉を並べ、教室に戻ってからも担任の先生が同じ話をして、さらには同じ話をわざわざガリ版で刷った「夏休みの生活」などと題した冊子などを配って、なんとか子どもたちの気分を盛りさげようとする。いうまでもなく、先生の努力は大した効果を得られず、子どもたちは「先生はぼくらがワクワクしてるのを見るのが嫌いらしい」ということだけを理解する。

が、先生には強力な武器があるのだ。浮き足立った子どもたちを現実に立ちかえらせる「最終兵器」、それこそが通信簿だ。

実をいえば、ぼくは通信簿が少しも怖くなかった。成績がいいから、ではなく、両親

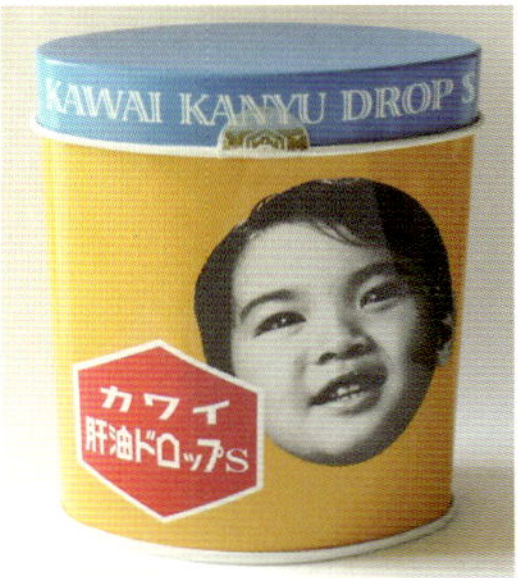

「夏休み中の栄養補給」のために
必ず配布された「肝油ドロップ」

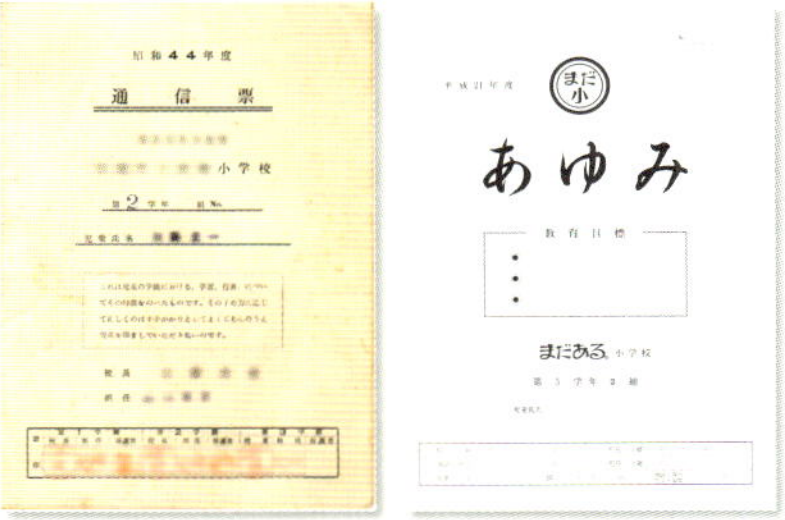

60年代（左）と現在（右）の通信簿

が通信簿に目くじらを立てるタイプではなかったから。しかし、多くの子、特に女の子のなかには本気でおびえている子が多かった。先生がひとりひとり生徒の名を呼びながら通信簿を配布する間は、気味の悪い緊張感が教室を支配し、あちこちから大げさな溜息や小さな叫び声が聞こえた。

ぼくと同じく通信簿の効力が通用しないヤカラも多かったようで、「肝油ドロップ」（事前に先生が注文を取り、終業式当日に配布される）が配られるころには再び教室にガヤガヤが戻るのだが、シュンとおとなしくなったままの子もチラホラいて、そういう友だちを横目で見ながら「大変だなぁ」と心から同情したことを覚えている。

つづいて恒例の大掃除。普段の掃除は、みんなドヨ～ンとした気分でダラダラと従事するが、終業式の日は掃除の時間もにぎやか。普段はサボってキャッチボールなどをしているヤツも、「どけどけっ！」なんて叫びながらセッセと机を並べなおしたりしている。

それが終われば、ついに下校だ。解放の瞬間である。

「では、みなさん、また九月に元気な顔で会いましょう」

先生のひとことにつづく、「さようなら！」の一斉唱和の「ら！」と同時に、何人かの男子はダッシュで教室をかけだしていく。

「地獄のランドセルじゃんけん」

終業式当日の下校という作業は、実はかなりの「重労働」であることを忘れてはならない。いや、計画的な子どもだった人には、その実感はないだろう。しかしぼくのような無計画な人間には、この日の下校で「ありとあらゆるモノを自宅まで運搬しなければならない」という苦役が待っている。

ランドセル（三年生以降は、より運搬が困難な「グルービーケース」が主流）、体操着袋、体育館履き袋、上履き袋、教室に置きっぱなしにしていた絵の具セットと習字セッ

終業式当日、無計画な子が運搬することになる学用品一式。
デキる子は事前に少しずつ持ち帰る

ト、同じく置きっぱなしの各種教材を入れた手さげ。これだけでも気が遠くなるのに、一学期の終業式ならではの大荷物「アサガオの鉢植え」が加わるのである。「タクシーを呼んでくれ！」と言いたくなる。

　ぼくがいつもいっしょに帰るE川君、I田君も同じく無計画派だった。で、終業式の日に恒例だったのが、じゃんけんによる荷物運び、通称「地獄のランドセルじゃんけん」。「ランドセルじゃんけん」とは、じゃんけんに負けた人が勝った人のランドセルを一定距離運ぶ、という古典的な遊びだが、これを一学期最後の凄惨《せいさん》な状況下で行うのだ。

　負けた人はみんなの荷物を持つ、という

より、ふたりがかりで大量の荷物を体に「セット」される。背中とお腹にふたつのランドセルを背負わされ、左右の腕、そして首にまで、残りのランドセルのほか、さまざまな形状の袋類が引っかけられる。その状態で三つの鉢植えを抱え込むのだ。この「かろうじて歩ける」というギリギリの体勢で、規定距離をクリアしなければならない。

そして、この規定距離の設定方法が毎回波紋を呼ぶ。「電信柱から電信柱まで」というのが全国共通の一般ルールだが、ぼくが育ったエリアは電信柱が無数にあるため、距離が短くなっておもしろくない。そこでよく用いられたのが「女の人とすれ違うまで」(男性よりも遭遇の確率が低い)。ほかに「ネコに出会うまで」、そしてなぜか「ワーゲン(色を指定する場合もあり)を見かけるまで」というのもあった。ネコとワーゲンは最後までひとりに強制労働を強いることになり、ヘタをすると険悪なムードになりかねないので、たいていは「女の人」で行った。しかし、このルールでももめごとは頻発する。「やったーっ! 女の人だ!」と荷物をおろそうとする友人に対し、残りのメンバーから「今のはお婆《ばあ》さんだからダメ」などという、いまひとつよくわからないクレームが入って論議になったりするのである。

そんなこんなで、あーでもない、こーでもないとケンカしたりはしゃいだりしつつ、

●カラー運動着袋（上）／シューズ袋（下）
発売年：1970年ごろ　価格：カラー運動着袋各420円、シューズ袋各315円
問合せ：株式会社三和商会／03-3862-5815

約40年にわたるロングセラー。もっとも古典的でシンプルなデザインの綿製巾着袋だ。現在ではプーマやナイキのナイロンバッグを持つ子が多いようだが、やはりこの綿の巾着が学校っぽい。給食当番のかっぽう着を入れる「給食袋」なども同じようなタイプの袋だった。「シューズ袋」のインスタントレタリングみたいな格調高い活字も懐かしい。通常、この種の袋類はきわめて乱暴に扱われてしまう。女子はきちんとランドセル横のフックに引っかけた状態で運搬していたが、多くの男子は手でぶらさげた袋を蹴りながら歩いていたものだ

いつもは一〇分程度の通学路を三〇分もかけて下校する。家に着いたときには三人ともクタクタ。両腕がジ～ンとしびれていて、お腹もペッコペコだ。

これが夏休みのはじまりのお決まりの光景だった。バカとしかいいようがないが、冬休みや春休み前の終業式後に「地獄のランドセルじゃんけん」を楽しんだ記憶がないところを見ると、このはしゃぎっぷりも夏休み前だけの特別なワクワク感のなせるワザだったのだろう。

いよいよ四〇日間の長い長い休みがはじまる。

●レッスンバッグ
発売年：1970年ごろ　価格：各630円
問合せ：株式会社三和商会／03-3862-5815

70年代、この種の交通標識がプリントされたバッグは新1年生の目印だった。ランドセルに入りきらない学用品を入れる通学用手さげとして用いられるが、塾や各種習いごと教室などの指定カバンに採用されるケースも多かった。ぼくの学校では、この「レッスンバッグ」を持って学校に来る子はみんな「そろばん塾」の生徒だった記憶がある。厚手のビニール製のものも多かったが、この商品は使わないときには小さく折りたためるナイロン製

ラジオ体操

——♪新しい朝がきた

行かなきゃダメなの？

「わーい、わーい」と手ばなし状態ではしゃぎながら突入する夏休みだが、その出鼻をまっ先に打ち砕くのが「ラジオ体操」である。

たいていの子は、高まりつづける夏休みへの期待のなかで「ラジオ体操」の存在をすっかり忘れている。終業式後に帰宅して、「ああ、明日から休みなんだ。好き勝手に過ごせるんだ」という解放感に浸りきりながらお昼ごはんなんぞを食べているとき、急に「あ、

そういえば！」と思いだしてしまう。「明日から休みなんだ」の「明日」が、実は学校のある日よりも一時間も早く起きなければならないという厳しい現実。毎年のことなのだからわかりきっているはずなのに、小学生時代のぼくなどは、この「油断→絶望」のプロセスを六年間、決まって繰り返しつづけた。そして毎年、母親に『ラジオ体操』って行かなきゃダメなの？」とたずね、そのたびに「あたりまえでしょ！　どこの子もみんな行くのよ！」なんて言われていた。

はりきる大人、しらける子ども

ぼくが育った街では、毎年の夏休みの

「ラジオ体操」は町内会が運営していた。会場は近所の公園。商店街なので、お米屋さんや八百屋さん、燃料問屋のおじさんなどが集まって、普段とはちょっと違ったハツラツとした雰囲気で子どもたちの指導にあたる。

ぼくを筆頭に、寝起きでボーッとしている子どもたちは一様にシラケているのだが、大人たちはやけに元気だ。上下そろいの真新しいジャージをバッチリ着込み、誰よりも早く会場に到着し、セッセと屈伸や柔軟運動などをしている人もいる。こういう人は、普段はあんまり冴《さ》えない感じなのだが、お祭りのときは必ずお神輿《みこし》の先頭について「ピッ！ピッ！」と笛を吹きながら交通整理をし、商店街の海水浴では貸し切りバスに乗った人員の点呼を大声で取ったりする。

行事のときだけ息を吹き返す、みたいなタイプの人が商店街にはつきものなのである。

「ラジオ体操」の歴史

「ラジオ体操」がはじめて放送されたのは、一九二八年のこと。放送局は東京中央放送局。言うまでもなく現在のＮＨＫだ。多くの人が、「ラジオ体操」を考案し、主催しているのもＮＨＫだと思っているようだが、実は違う。

考案したのは、逓《てい》信省簡易保険局（現在の株式会社かんぽ生命）の課長さんたち。一九二〇年代初頭、アメリカのメトロポリタン生命保険会社が「健康体操」なるものを開発し、ニューヨーク、ワシントンなどでラジオ中継していた。日本の「ラジオ体操」は、これを参考にしたものだという。つまり、逓信省簡易保険局が開発・提唱し、ＮＨＫが番組として全国に普及させたわけだ。

なぜ逓信省が体操を？と思うかもしれないが、保険業務は被保険者が健康でなければ安定しない。特に肺結核や伝染病で亡くなる人が多かった時代は、生命保険会社が国民の健康支援を担うことも多かったのだそうだ。

日本の「ラジオ体操」は、まず各地の小中学校に普及した。学校で体験した子どもたちによって家庭に持ち込まれ、大人たちにも浸透していく。そして一九三〇年、東京・神田の万世橋署児童係巡査が、「長期休暇中の子どもたちに規則正しい生活を身につけさせたい」と、夏休み期間中の「ラジオ体操会」の実施を思いつく。この活動が神田地区全体に広まり、ＮＨＫが大きく取りあげて全国に広めた。その後は各地に「同好会」が生まれ、「ラジオ体操」は夏休みの早朝につきものの行事として定着した。

万博記念の1000万人ラジオ体操全国大会。70年8月4日、万博会場内「お祭り広場」で開催

が、戦時中は「国民心身鍛錬運動」の様相を呈し、敗戦後にはGHQから警戒されることになる。アメリカ兵たちの目には、リーダーの号令によって群集がいっせいに同じ動きをする様子はかなり異様に映ったようだ。「民主的でない」と禁止令が出て、放送は中止。ここで「ラジオ体操」の歴史は一度途切れてしまう。

そして一九五〇年、新たな体操の考案が検討されはじめる。このころになるとGHQの態度も軟化していたようで、翌五一年、内容を一新した「新ラジオ体操」が再スタートを切る。これが我々世代にもおなじみの「ラジオ体操第一」だ。

五三年七月には「夏期巡回ラジオ体操会」

が開始され、夏休み期間に全国四十数カ所で実施。この様子がラジオで実況中継された。以降、戦後に生まれた新たな「ラジオ体操」も全国規模で親しまれるようになる。大阪万博が開かれた七〇年には、万博会場内「お祭り広場」で「一〇〇〇万人ラジオ体操祭」が開催されるなどして、日本人なら知らない人はいない、どころか、体験していない人はいないほどの「国民的体操」と呼べるまでになった。

初回の放送から約八〇年。現在、「ラジオ体操」は日本のメディアにおける一番の長寿番組だ。

「ラジオ体操の歌」

小学校で行われる「ラジオ体操」はテープなどに録音されたものを使っていたが、夏休みの町内会ラジオ体操は正真正銘の「ラジオ体操」で、NHKの放送に合わせてスタートする。定時になるまでは前番組（たいていは対談番組みたいなものだったような気がする）が小さな音で会場に流れていた。で、六時三〇分。番組テーマソングのイントロが流れだすと同時に、誰かがラジオのボリュームをあげる。すかさずリーダー格の大人が「はい、集まって！」と、子どもたちを呼び集める。すると、公園のあちこちに散らばっていたみんなが、かなりダラダラとした感じで集まってくる。

「♪あ〜たらし〜い朝がきた〜、き〜ぼ〜うの〜朝〜だ」

このおなじみの歌、タイトルはそのまま「ラジオ体操の歌」。一九五六年から使用されている。作曲は藤山一郎氏、作詞は藤浦洸氏によるもの。歌っているのはもちろん藤山一郎氏ご本人、そして東京放送児童合唱団である。

子どものころから寝坊グセがついていたぼくは、毎回、この歌の途中で会場に到着した。「ほら、もうはじまってるじゃないか！　もたもたしてるからだ」「はいはい」みたいな会話を父と交わしながら小走りで公園にかけつけ、慌てて出席カードにスタンプを押してもらう。町内会の役員だった父は管理者側へ、ぼくは子どもたちの群れのなかにまぎれ、先に来ている友人たちがニヤニヤした顔でこっちを見ているので、こっちもニヤニヤをやり返し、「今日、遊ぶ?」「うん、遊ぼうか」なんてやりとりをする。

夏休みの子どもたちの一日の予定は、「ラジオ体操」の会場で決められることが多かった。小学校低学年、特に塾やら長期の海外旅行やらとも無縁な昭和の平均的な小学校低学年児童は、とにかくやることがない。四〇日間のヒマを持て余すガキどもにとって、

1970年

1966年

1966年

昭和40年代のラジオ体操出席カード。「コカ・コーラ」「プラッシー」「リボンシトロン」と、当時の代表的ジュースの広告がカード裏を飾る

朝っぱらの公園は重要な社交の場だったのである。

出席カードとごほうびのお菓子

苦行のような「ラジオ体操」における唯一の楽しみは、最終日にもらえるごほうびのお菓子だ。出席するたびに出席カードにハンコをもらって、無欠席をつらぬくと（二、三日休んでいてもオマケしてくれるのだが）カードと引き換えてくれるシステムだった。ごほうびは地域によって鉛筆などの文具だったりもするらしいが、ぼくの地元では、毎年、お菓子の詰め合わせ。内容はうろ覚えだが、なぜかグリコの製品が多かったと思う。「ポッキ

1978年

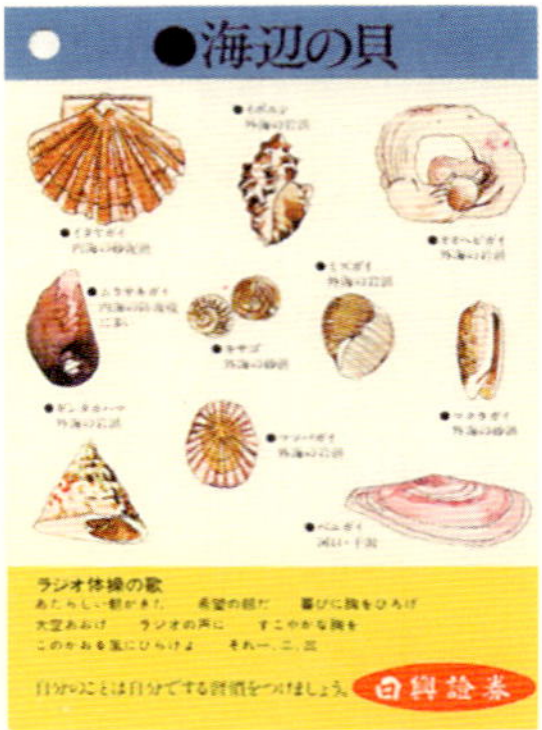

1975年

1982年

1981年

昭和50～60年代のラジオ体操出席カード。やはり夏らしく冷たい飲みものの広告が多いが、日興証券の学習図鑑風の広告が渋い！

1978年、ラジオ体操50周年を記念して発行された記念切手。佃公彦氏デザインの「ラジオ体操坊や」が「50」と記されたTシャツを着ている

ー」や、今はなき「スポロガム」など、五、六点がビニール袋に入れられ、袋の口がピンクのリボンで縛ってあったのを覚えている。

そういえば、カードの裏にもお菓子の広告が掲載されていることが多かった。子どものころはお菓子からの連想で、「このカードは近所のお菓子屋さんがサービスでつくっている」などと勝手に思っていたが、実際は「ラジオ体操」を主催するかんぽ生命（ぼくの時代は郵政省簡易保険局）が製作し、学校や町内会などに無料配布している。昔から配布期間中に郵便局に行って「ください」と言えば、誰でももらえるようになっていたそうだ。

カードのデザインは毎年変更されたが、ぼくの時代はポストカード大の厚紙で、表にスタンプを押すマスが印刷されていて、裏にはスポンサーの広告（たいてい海などを背景にした夏らしいもの）があった。そして忘れてはいけないのが、必ずカードのどこかに描かれていた「ラジオ体操」のキャラクター「ラタ坊」。正式名称は「ラジオ体操坊や」。一九七八年、「ラジオ体操」五〇周年を記念して誕生した。マンガ『ほのぼの君』やテレビ番組『お笑い頭の体操』のオープニングのイラストでおなじみ、マンガ家・佃公彦氏がデザインしたものだ。

●ラジオ体操出席カード(2009年版)

現在の「ラジオ体操出席カード」。「ラジオ体操坊や」をあしらったシンプルなデザイン。カード左上の穴も昔ながらで、ここにヒモを通して首にかける。ケーキ屋さんなどの包装に使われる赤やピンクのリボンみたいなヒモを使用する子が多かった。スタンプを押してもらう中面のカレンダー部分には「ラジオ体操の歌」の歌詞、裏面には夏休み中のエコ生活の心得が印刷されている

中面にスタンプを押すスペースがカレンダーの形で印刷されている。当時、ここにどんなスタンプを押してもらっていたのか記憶がはっきりしないのだが、多くの場合、世話役の人が自分の名前の印鑑を押すようだ

懐かしの「ラジオ体操」を探す

現在、多くの「ラジオ体操」のCDがリリースされていて、一種のレトロ音源として購入する人も多い。が、自分にとっての懐かしの「ラジオ体操」と出会うのはなかなかむずかしいのである。「ラジオ体操」の指導者、つまり「イチ、ニ、サン！」と号令をかける人は数年ごとに交代する。それぞれ特徴のある号令のかけ方をしているので、自分の記憶にある指導者の音源を探しあてなければ懐かしさも半減してしまうだろう。

ところが、多くの音源が採用しているのは、青山俊彦氏という人が指導を担当しているもの。ほかの指導者の音源はあまりCD化されていないようだ。青山氏は一九七一年から九九年までNHKの指導者として活躍しているらしいので、ぼく世代はモロにカブっているはずなのだが、聞いてみたところ、明らかに知らない声だった。調べてみると、ほかに一九五四年から八四年までを担当した柳川英磨氏という人がいる。NHKの「ラジオ体操」の指導、ピアノ伴奏は複数の人たちが交代で行っているそうだ。幸いに柳川バージョンもCD化されており、こちらは聞いたとたん、一瞬にして三十数年前の「ラジオ体操」会場の風景がよみがえった。

柳川氏の号令が聞ける「NHK新ラジオ体操 みんなの体操」（コロムビアミュージックエンタテインメント／COCG-15355）。おなじみの「ラジオ体操」の第1、第2、そして「ラジオ体操の歌」を収録

体操をしながら、近くに並ぶ友人たちと「号令のかけ方が変！」とクスクス笑いあったことを思い出す。柳川センセイの「イチ、ニ、サン！」は、気合が入りすぎるためか「イッ、ニッ、サッ！」と聞こえる。これをよくふざけてマネしていた。また、「腕をまわす運動」の「前まわ〜っシッ！」という箇所も聞きどころ。さらに、会場中の子どもたちが声をあげて笑うのが最後の最後、「深呼吸」の部分。はりきりすぎて、「しんこきゅぅ〜うっ！」と最後の「う」が裏声になってしまう。毎度毎度、深呼吸をしながら思わず「ぷぷぷぷぷ……」と吹きだしてしまい、町内会のおじさんから「はい、そこ！　まじめに！」などと注意され

ていた。

ちなみに、昔からあるのに、多くの人にはあまりなじみのない「ラジオ体操第二」。学校などではたまぁ〜にやらされることがあったが、動きはほとんど覚えていない。やりながら「なんだ、こりゃ？」と思っていたが、実はこれ、子どもたちの夏休みの行事として定着した「第一」とは別に、働く人々が職場で手軽に行える健康維持体操として開発されたものなのだそうだ。つくられたのは一九五二年。テーマは疲労回復と能率増進。「はたらくおじさん」たちの体操だったのである。

今にして思う「♪新しい朝」

子ども時代に「ラジオ体操」が大好きだった、という人は少ないと思うが、特に早起きが苦手だったぼくは、とにかく「夏休みなのに普段より早起きしなきゃならない！」ことに最後まで納得がいかなかった。正直、「ラジオ体操の歌」を聞いただけでもウンザリした気持ちになったものだ。特にイントロ部分、カーン！　カーン！と教会の鐘の音のようなベルが鳴るところは、寝ボケきった頭には耳ざわりだった。終了後、家に帰って家族で朝食を食べるときなど、父はよく「早起きして運動すると、ご飯がおいしいだろ?」なんて聞いてくるのだが、そういう質問には思いきり首をふり、怒りを込めて「ぜんっぜんっ!」と答える。「『新しい朝』も『希望の朝』も来なくていいから、とにかく休みのときくらいゆっくり寝かせてほしい」などと言って親をあきれさせた。「ラジオ体操」に「すがすがしさ」のようなものを感じたことは一度もなかった……と思っていた。

が、この原稿を書くにあたって久しぶりに「ラジオ体操の歌」を聞いてみて、よみがえってきたのは「イヤだった」という記憶ではなく、当時、「イヤだ」と思いながらも、体のどこかで感じていたらしい一種の気持ちよさだった。今日も暑くなる、ということを予感させる一日のはじまり。でも、まだ空気は真新しくて、風は涼しい。夏のセミたちがようやく鳴きはじめるころの早朝の公園。なまあたたかいような、冷たいような大気の感触が肌の表面によみがえってくる。あの夏の一日のはじまりには、確かに「♪新しい朝」という歌詞がピッタリだ。とにかく死ぬほど眠かったし、ヒネクレてたせいもあって、あのころは素直に受け入れることができなかったけど、あの感じは、やっぱり「すがすがしさ」だったんだろうな、と今にして思う。

＊参考文献(写真出典も)『いつでも、どこでも、だれでも ラジオ体操75年の歩み』(ラジオ体操七五周年記念誌編集委員会)

●コラム――七夕

小学校も高学年になってしまうと、七夕を意識する機会は少なくなるような気がする。特に年齢制限のあるような行事ではないのに、クラスのみんなで七夕飾りをつくったり、短冊に願いごとを書いたりしたのは、幼稚園から小三くらいまで。折り紙で綱飾りやクサリをつくって、「マンガ家になれますように」なんてことを短冊に書いていたころは、七夕は「もうすぐ夏休み！」のワクワクを最初に感じさせてくれるイベントだった。「♪笹の葉さらさら」と歌いながら、ぼくたちは夏の訪れを実感した。

当時は、学校だけではなく、多くの家庭でも七夕の笹を飾った。七月に入ると花屋が七夕用の笹を売りだして、商店街の道を大きな笹を肩に担いで歩く人が行きかったものだ。我が家でも玄関に飾ったが、「笹の葉さらさら」とはよくいったもので、笹は風に吹かれると、本当に「さらさら」と乾いたよい音をたてる。夜、寝室の布団のなかで、七夕飾り満載の笹の「さらさら」が聞こえてくると、子どもながらに「いい音だなぁ」と思った。「風流」などという言葉は知らなかったし、いくら幼児でも織姫と彦星のランデヴーを信じていたわけではないが、なんとなく窓を開けて、初夏の夜空を眺めたくなるような音だ。

●たなばたセット
発売年：1946年ごろ　価格：1260円
問合せ：株式会社ササガワ／06-6261-2831

短冊やリング用折り紙など、定番の飾りはもちろん、紙人形や「星型流し」、「天の川」など、にぎやかな飾りが盛りだくさん

こちらは別売り商品。彦星、織姫の「でんぐり」（各189円）、「提灯」（各347円）、「ぼんぼり吹き流し」（2100円）

老舗の文具・紙製品メーカー、ササガワが手がける七夕飾りのセット。同社は手軽な家庭用から本格的な七夕祭り用まで、多彩な七夕飾りを古くから扱っている。この家庭用セットは、300円台から5000円台まで用意されているシリーズのなかで、ちょうど中間に位置するもの。ビニール製の笹までついているのがポイント

プール教室

——塩素の香りと水しぶき

5級

6級

休みじゃないじゃん！

待ちに待った夏休みだが、子どもたちはまず毎朝の「ラジオ体操」によって「四〇日間まるまる休めるわけではない」という現実に直面する。そして次に、夏期休暇中に多くの小学校で実施されている「プール教室」によって、「まるまる休む」どころか、かなりの頻度で登校しなければならないということを思い知らされる。

ぼくの小学校では、夏休みの「プール教室」は二期に分かれていた。七月後半から八

月初旬までが第一期、そしてお盆前後は休みになって、八月後半に第二期がはじまる。毎日ビッチリ、というわけではなかったと思うが、かなりの密度で日程が組まれていた。いずれにしろ、休み前に配られる「プール教室」日程表を目にして、毎年、愕然としてしまう。実施日をさしひくと、純然たる休みはたった二週間かそこら。「なんだよ、これ？　こんなの夏休みじゃないじゃん！」と、予定を組んだと思われる体育の先生に心のなかで悪態をついた。

ただ、基本的に「プール教室」は自由参加で、行きたくない人は行かなくてもいい。家族で旅行などの予定がある場合は、いつでも勝手に欠席してＯＫなのだ。しかし、両親はなぜかこういう行事に厳密で、旅行や「おじいちゃんち」行きの日程とやむを得ず重なることがない限り、「いいから行きなさいっ！」という方針だった。

こっちとしては、平日の毎朝一〇時から放映される髙島屋提供の『ウルトラセブン』の再放送が見たくてたまらない。同世代の東京の子どもなら大いに共感してくれると思うが、「まもなく午前一〇時。髙島屋各店、開店の時間です」みたいなナレーションにつづき、キンコンカンコンという鐘の音、で、『ウルトラマン』『ウルトラセブン』などの円谷系特撮ドラマがスタートするあの枠は、いかにも夏休みっぽさにあふれた至福の時間だった。牛乳を飲みつつ「カール」なんぞをつまみながら見ていると、「ああ、このまま夏休みが一生つづけばいいのにな」という気分になったし、まして「セブン」が「キングジョー」に倒されたところで「つづく」になっちゃって、でも明日は「プール教室」だから見られない、なんてことになると、「ふざけるなっ！」というやり場のない怒りにワナワナと身を震わせたものである。

とはいえ、行く前はなんだかんだと文句を言ったり悪態をついたりしつつも、「ラジオ体操」などとは違って、行ってしまえば「一応は楽しい」というのが「プール教室」。実際、出席率は常に高かったし、ぼくもイヤだイヤだと言いながら、けっこう楽しんでい

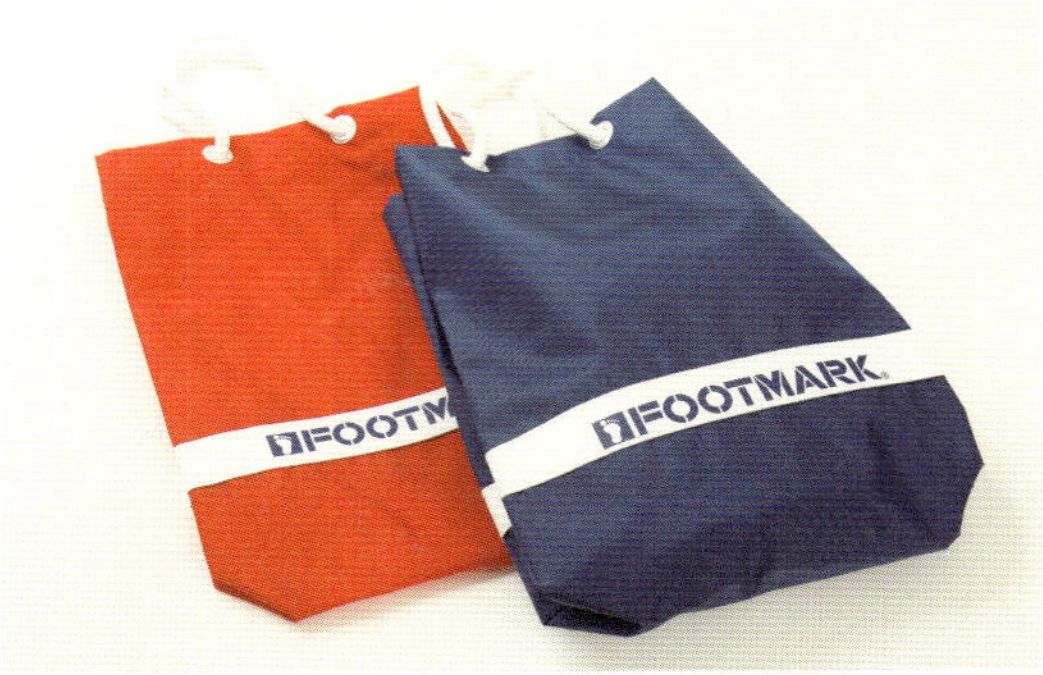

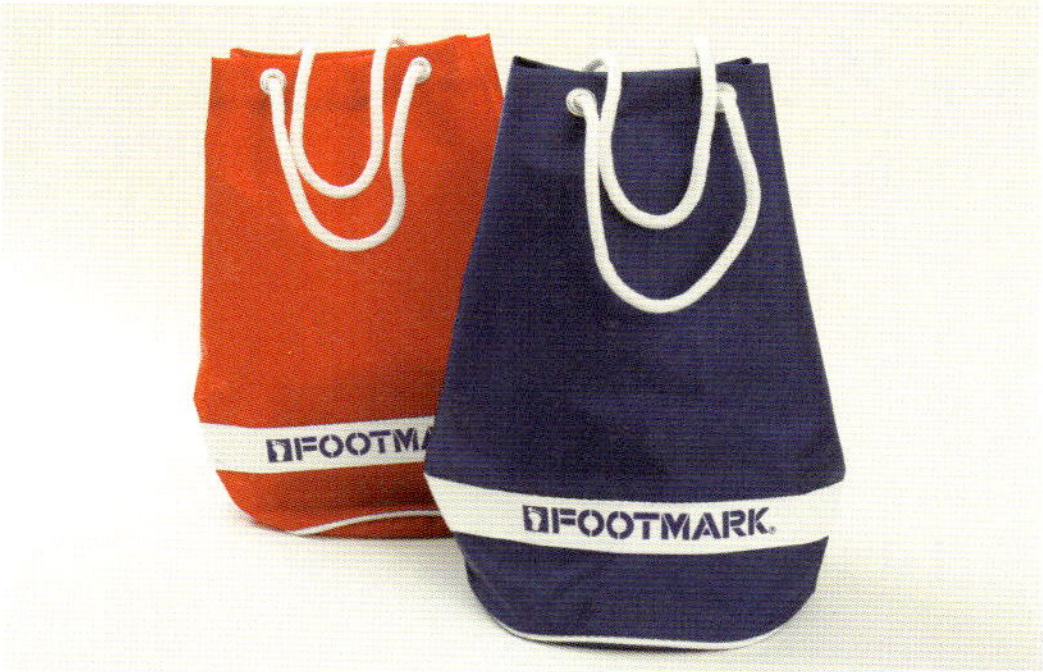

●プールバッグ(上：ボックス　下：ラウンド)
発売年：1972年　価格：ボックス各840円、ラウンド各997円
問合せ：フットマーク株式会社／03-3846-3382

フットマークは創業60年以上の老舗水着メーカー。特に学校向けの水泳用品を古くから手がけている。あの足跡マークに覚えがある人も多いはず。このプールバッグも70年代から多くの小学校で採用されている代表的な商品。角型のボックスと丸底のラウンドの2種があり、それぞれ黄色、赤、紺、黒など、6色のカラーが用意されている。ぼくの小学校で採用されていたのはラウンドタイプ。男子は紺、女子は赤を使用することになっていた

た。たとえ学校のプールであろうと、先生のうるさい指導を聞かされながらであろうと、「ただでプールに入れる」という時間は、さしたる娯楽のない昭和の子どもたちにとってやはり貴重だったのだと思う。

ただ、今思い出しても気持ち悪いのが、学校プール特有の「腰洗い場」（？）。薬臭い水の入った浅いお風呂みたいなものに腰まで浸《つ》かって、「一、二、三」と十まで数えなければならない規則になっていた。やたらと冷たいうえに、水の色が暗く淀《よど》んでいて不気味だった。殺菌が目的だったのだと思うが、むしろあの水のなかに恐ろしいものが潜んでいるように見える。先生が監視していないときには、ササッとわきをすり抜けて知らんぷりしていたものだ。

「泳げた！」の瞬間

生まれてはじめて泳ぎを習得したのは、小一の夏休みの「プール教室」でのことだった。今でもはっきり覚えているが、太ももくらいの水深の低学年用プールでバシャバシャしているとき、先生がほかの生徒に「顔をあげちゃダメだ！」と言っているのが聞こ

●水泳帽(上：ダッシュ　下：ダッシュマジック)
発売年：ダッシュ1977年、ダッシュマジック1978年
価格：ダッシュ577円〜、ダッシュマジック682円
問合せ：フットマーク株式会社／03-3846-3382

70年代後半以降、メッシュタイプの「ダッシュスイムキャップ」はもっとも代表的な学校用水泳帽となった。「ダッシュマジック」には名前を書き込むスペースがあるほか、面ファスナー方式の泳力マーク(別売り)をつけることができる。残念ながらぼくが小学校に入学した当時は、まだこの種のメッシュ帽がなかった。ビーチボールのように赤と黄で塗りわけた化繊の帽子をかぶらねばならず、かなーりカッコ悪かったうえに、すぐ水を吸って重くなったのを覚えている

えた。顔をあげちゃダメってどういうことだろう？　顔を水から出さなきゃ溺れちゃうじゃないか、と思ったが、ともかく「顔をあげちゃダメ」をぼくもその場で実践してみた。すると、いつもと違って体全体がフワッと水に浮くのである。「あ！」と叫んでしまうくらいにビックリした。

そうだったのか！と、この大発見に興奮した。浮かぶコツがわかってしまうと、息つぎも簡単にできるようになる。うつぶせの要領をあおむけに応用すれば背泳ぎもできるようになる。結局、小一の夏の終わりには一人前に泳げるようになっていた。今まで知らなかった世界が目の前に開けたような気分だった。

光化学スモッグと女子のプール見学

東京のプール開きは、だいたい六月下旬。梅雨の晴れ間、気温が二五度を超えた日に行われる。前日、先生が「明日の体育はプールになるかもしれないので水着を持ってくるように」と言う。すると教室にワーッと歓声があがった。が、本格的に梅雨明けするまでは、「水温が低いので中止」となる場合が多かった。すると今度は「えーっ！」と大ブーイングが起こる。

七〇年代の東京では、夏真っ盛りになってからも、ちょくちょくプールが中止になることが多かった。原因は、ここ数年、都心で再発するようになった「光化学スモッグ」の発生だ。当時、夏の間は頻繁に注意報が出たが、「発生した」といわれても、なにかが目に見えるわけではないし、特に実感できるほどの影響が体に出るわけでもないので、なんだか正体不明の不気味な現象に思えた。授業中に発生した場合などは、突然、「♪ピンポンパンポ〜ン」と校内放送で告げられる。

「ただいま、光化学スモッグが発生しました。生徒のみなさんは休み時間になっても表に出ないでください」

これで本日のプールもなし。またもや「えーっ！」の大ブーイングが起こる。

高学年になると、プールのあるなしに一喜一憂することは少なくなる。「めんどくせぇなぁ」とプールの授業を嫌う男子も増えるし、女子の場合は、いろいろと、その、大人になるというか、女性になるというか、そういうあれがあったりするので、「〇〇ちゃん、今日のプールは見学」というパターンがちらほら出てくる。

今思い出しても顔が赤くなるが、ぼくはそういう女の子のあれとかこれにうといガキで、ある日、同じ班だったT富さんがプールを見学するというので、首をかしげた。T富さんは運動神経抜群で、体育を休んだことなど一度もない。それに、ついさっきまで、昼休み恒例の男女混合「ドロケイ」(「ケイドロ」と呼ぶ地域もある)でいっしょに走りまわっていたのだ。で、プールサイドで体育座りしている彼女に、「トミ、なんで休んでんの?」と聞いてみた。

「ケガしたの? どっか痛いの?」

「なんでもない」

その不安げな「なんでもない」の言い方が普段の「トミ」とあまりに違うので、なんだかこっちまで不安になってきて「なんで? ねぇ、なんで?」としつこく聞いていたら、「やめなさいよぉ〜!」と割りこんできた女子三人に腕をひっぱられてプールのスミまでひきずられ、そこでものすごく遠まわしなレクチャーを受けさせられた。わかるようなわからないような内容だったが、とにかく決定的なタブーに触れたことだけは理解して、それから一週間ほど「トミ」と口がきけなかった。

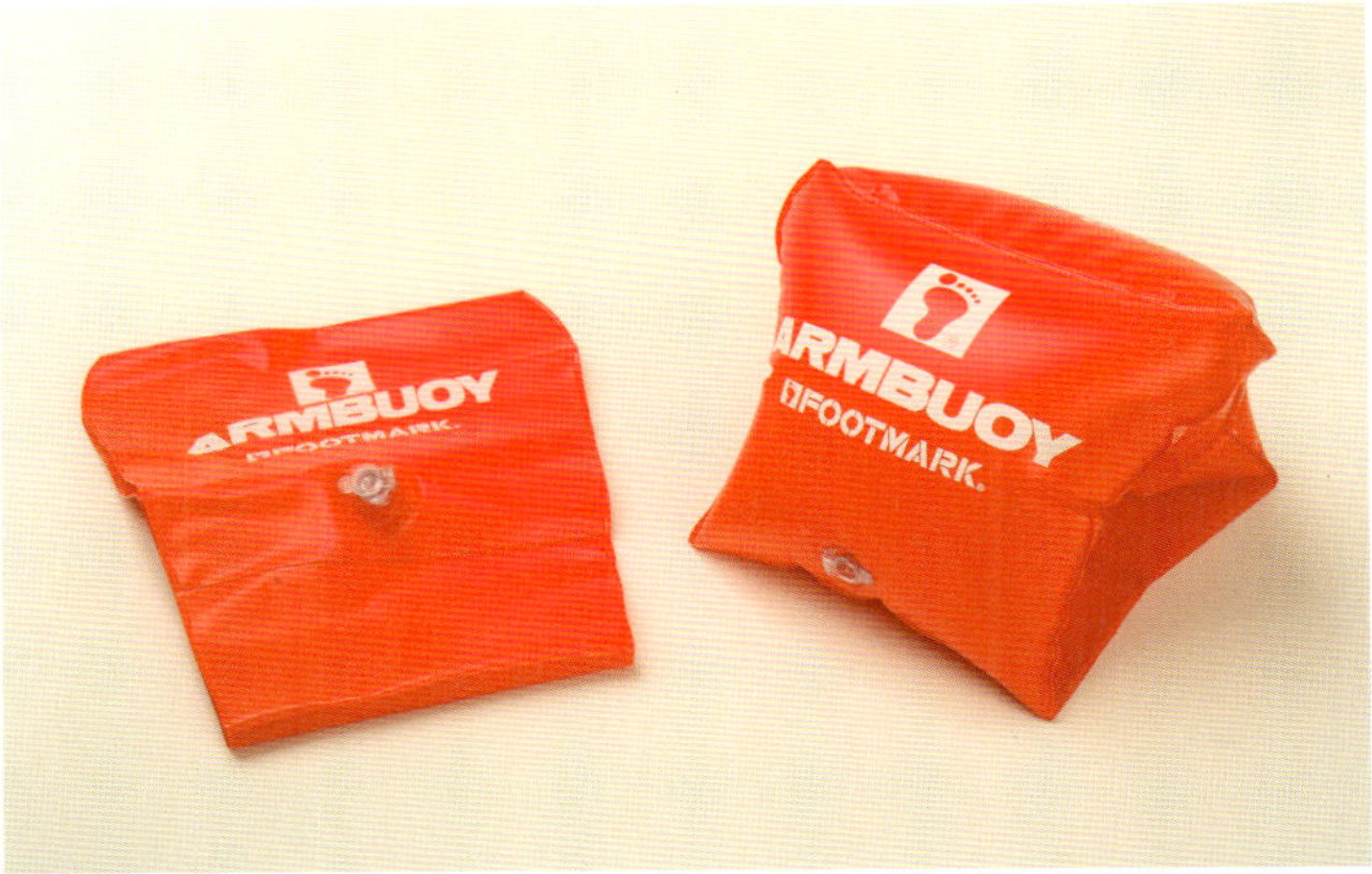

●アームブイ
発売年：1975年　価格：1470円
問合せ：フットマーク株式会社／03-3846-3382

両腕に取りつけるミニ浮き輪。この種のものは70年代に登場し、子どもたちの間で流行した。特に「もう浮き輪じゃ恥ずかしい」という年ごろの男子に好評。当時は学校で使うものではなく、遊園地などのプールの売店で売られていた。ぼくは「よみうりランド」の「流れるプール」の売店ではじめて買ってもらい、「こんなものがあったのか！」と驚愕した。このフットマーク製が元祖の商品かどうかは不明だが、かなり初期に発売されたものだ。写真の赤のほか、黄色のタイプもある

「パンツ破り」

地域によって名称はいろいろだと思うが、水着に着替える際、おそらく全国的に普及していたテクニックがあった。ぼくの学校では「パンツ破り」と呼ばれていた。

まず、パンツの上から海水パンツをはいてしまう（パンツといっても、当時の小学生男子は全員ブリーフを着用していた。この方法はブリーフ以外では不可能）。次に海水パンツのすそ部分から手を入れてなかのブリーフをつかみ、ギューッと伸ばして引っぱりだす。つまり、ブリーフの足を入れる穴を思い切り広げてしまうわけだ。そのまま、穴から片足を抜く。このときにパンツが破けそうになるから「パンツ破り」と呼ばれるのだが、なんとか片足を抜いてしまえばあとは簡単。ダランと半分はみ出た状態のブリーフを海水パンツから抜き取り、もう片方の足を抜けば完了である。

そんなことをしなくてもバスタオルを巻いて着替えればいいじゃないかと思うかもしれないが、着替えている人のバスタオルをサッとうばっていくヤカラが横行するからこそ開発された技術なのである。「パンツ大作戦」「パンツ返し」「マジックパンツ」などという呼称も一般的らしい。

これの女子版もあった。今はどうだか知らないが、当時は低学年までは男女いっしょに着替えることになっていた。小三あたりになると、女子はみんなTシャツなどの上から水着を着て、それを後から取り去るという複雑怪奇な手品のような着替え方をしていた記憶がある。

お前、何級？

低学年の間は「石拾い」や「水中じゃんけん」など、遊び半分のメニューが多い「プール教室」も、中学年以降は様相が変わってくる。二年生くらいまでは「泳げる／泳げない」が話題になるが、たいていの子が泳げる三年生になると、「お前、何級？」が話題の中心になる。

泳力級の規定は学校独自のローカルなものが多いと思う。ぼくの小学校では「顔を水につける」（何秒以上という制限があったかなぁ？）ことができれば一〇級。学校のプールは一二メートル×二五メートルで、この短いほうの一二メートルをビート板で泳ぎきれば九級。ここではじめて、級の証《あかし》として黄色い布テープが一本もらえる。これを帽子に縫いつける。一二メートルを自由形で泳ぎきると八級で、さらにテープを一本。この「帽子に二本テープ」の八級の状態になって、はじめて周囲から「あいつは泳げる」と目された。

七級がどんな内容だったか覚えていないが（平泳ぎ一二メートル？）、六級はみんなの憧れの級で、ここではじめてプールを「縦」に使うことになる。つまり、二五メートル自由形。ぼくは確か三年生のときにクリアしたと思うのだが、受かったときは小躍りするほどうれしかった。それ以降、順調に級を伸ばしたが、最終的には三級までしかいけずに卒業してしまった。二級には五〇メートル平泳ぎのタイムアタックがあって、これがどうしてもクリアできなかった。

夢の一級にはほど遠かったが、三級までいく子はそれほど多くなかった。帽子にずらりと並んだ七本の黄色いテープが、ちょっぴり誇らしかったのを覚えている。小学校の六年間を思いおこしてみると、誰かとなにかを競ったりするのが大の苦手で、いつも最初からレースをおりてしまうような子どもだったし、自分を誇らしいと思ったことなど皆無なのだが、どういうわけか水泳の級獲得だけには夢中になった。

社会に出てしまえば周囲から「お前、何級？」なんてことを聞かれることはないわけ

●泳力マーク(左：動物マーク　右：級マーク)
発売年：1975年　価格：各1050円(10枚セット)
問合せ：フットマーク株式会社／03-3846-3382

面ファスナー方式の泳力マーク。「級マーク」は級を文字で表示、「動物マーク」は動物のイラストで泳力を表示する。カメからスタートし、カニ、金魚、タコとステイタスがアップしていき、上級になるとイルカやトビウオに。ほかに色のみで判別する「カラーマーク」、星型の「星マーク」などがある。ぼくの小学校で採用されていたのは、ただの黄色い布きれ。泳力がアップするたびに、男子は帽子に、女子は水着に縫いつけ、その数で級数を判断する方式だったで、「もうちょっと将来的に役立つ方面で努力してくれればよかったのに」と当時の自分に言いたい気もするが、子ども時代の打算のないヤミクモなガンバリって、今から考えるとなんだかおもしろい。これがなければ「小学校の六年間、なーんにもガンバリませんでした」という結果に終わるところだった。

●泳いだあとには……

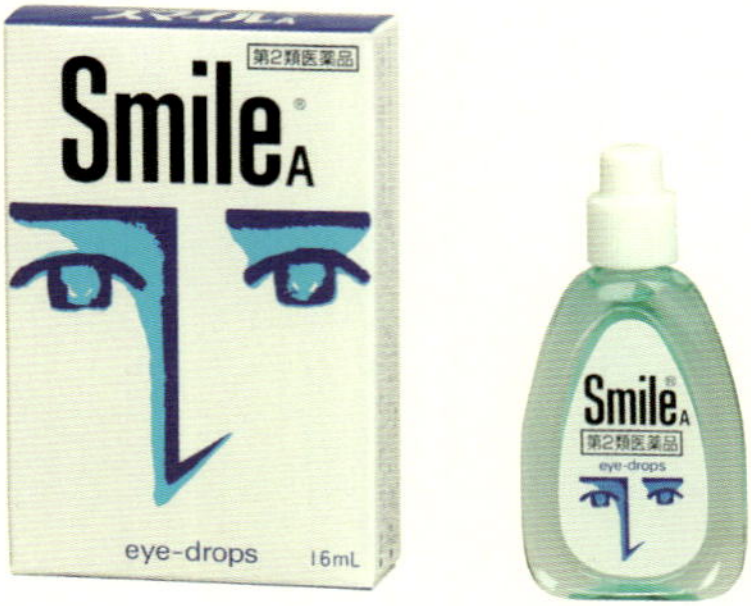

箱のイラストやCMが印象的だったライオンの「スマイルA」。1976年に「スマイル」が発売され、83年に「スマイルA」が発売された。70年代のCMでは、商品のシンボルとなっているあの顔が最後にニコッとほほ笑むアニメーションが挿入されていた。疲れ目、充血に効果を発揮し、スーッとするさわやかなさし心地が特徴。かつては子ども用の「こどもスマイル」も販売されていたが、現在、同社の子ども用目薬は「スマイル アルフレッシュ kids」となっている

●スマイルA
（第2類医薬品 目の疲れ・結膜充血に）
発売年：1983年　価格：840円
問合せ：ライオン株式会社／03-3621-6100

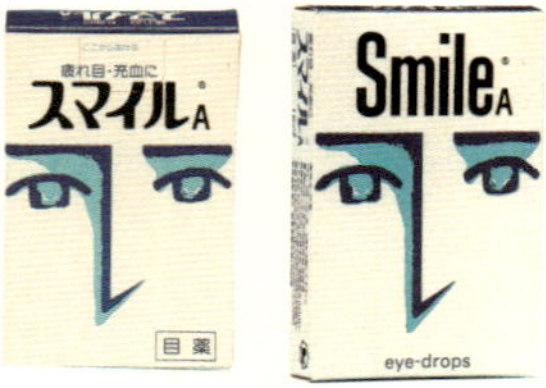

発売時の「スマイルA」。現行品とまったく変わらないデザイン

参天製薬の子ども用目薬。昔から水泳後に使用することが推奨されていたが、最近ではゲームなどで目を酷使した場合にも用いられるようだ。疲れ目、炎症、かゆみなどに効果を発揮。清涼感を与える成分は入っていないので、刺激が少ない。参天製薬は1965年より「ジュニアサンテ」の名で子ども用目薬を販売していたが、88年に成分を一新、この「こどもサンテ」に生まれ変わった

●こどもサンテ
発売年：1988年　価格：788円
問合せ：参天製薬株式会社／06-6321-8950

参天製薬の目薬といえば、昔からピンク色が目印のこの商品。1965年から同一ブランドで販売されている。疲れ目などで弱った筋肉を活発にするビタミンB_{12}、組織代謝を活発にするビタミンB_6を配合。ちょっと不思議な商品名は、フランス語の「目の健康」(サンテ＝健康、ウ＝目)に由来するといわれている

●サンテドウ
発売年：1965年　価格：714円
問合せ：参天製薬株式会社／06-6321-8950

1978年の「サンテドウ」。このときから商品名は現在の表記に。箱に「大学目薬シリーズ」とあるが、「大学目薬」という商品は現在も参天製薬より販売されている

●コラム――半ズボン

「半ズボン」。ぼくら世代にとって、それはあまりにも身近な存在で、もはや意識すらしないほど日常的なアイテムだった。その「半ズボン」が、いつの間にか絶滅していたのである。

そう、もう日本国内には、「半ズボン」を製造しているメーカーはほぼ皆無。中国からの輸入品がわずかに入ってきているが、それも店頭に並ぶことはまずない。九〇年代以降、ハーフパンツが急速に普及し、「昭和男子」の象徴だった「半ズボン」は完全に駆逐されてしまった。

ぼくはどうも複雑な気分になってしまう。小学生時代、「半ズボン」が大嫌いだった。「カッコ悪い」「子どもっぽい」という意識があって、夏でもデニムの「長ズボン」を履《は》きたがった。「そんなのおかしい」という母親とよくケンカしたものだ。当時は三六五日、「半袖半ズボン」で貫き通す男子も多く（こういうヤツが大嫌いだった！）、「健康な男の子は半ズボン！」みたいな価値観が根強かったのだ。なので、「半ズボン」がすたれたというのは、十分に理解できる。そりゃそうだろう、という気さえするのだが……なにも絶滅しなくてもいいのになぁ、とも思うのである。ただ、昨今は女子の間でショートパンツが流行っているようだ。今後は女の子向けアイテムとして生き延びていくことになるのかもしれない。

●半ズボン(デニム脇ゴムショートパンツ)
発売年：不明　価格：250円
問合せ：キッズファッションマイウェイ／http://www.rakuten.co.jp/myway-shop

岡山の子ども服メーカーが直販する「半ズボン」。我々世代なら子ども時代に一度は履いているはずの典型的なデニム「半ズボン」だ。今となってはかなり希少な国産モノなのだが、過去の在庫を安価で販売しているだけなのだそうだ。在庫限りで、今後の生産予定も今のところはないとのこと。商品は男女兼用だが、やはり女の子向けとして買うユーザーが圧倒的に多いという

夏のおやつ　食べもの編
——「冷たいもの」づくし

憧れのかき氷器

子ども時代によく口にした「夏のおやつ」というと、いかにも夏らしい季節感たっぷりのあれこれが思い浮かんできそうな気がしていたのだが、意外にバリエーションが少ないことに驚く。具体的にひとつひとつ思いだしてみると、なんのことはない、要するに「氷」に類するものばかりを食べていた。

家でつくる氷菓のなかでもっともシンプルなのは、いうまでもなくかき氷である。当

時はどこの家にも、ハンドルをぐるぐる回す手動のかき氷器があって、夏の間は大活躍した。「当時は」と書いたが、もちろん今でもシーズンになると量販店にかき氷器コーナーができたりもするので（電動のものが主流だが）、現在でもそれなりにポピュラーなのだろう。が、昔のかき氷器は、さまざまな家庭用調理器具のなかで、今よりもっと重要な地位にあったと思う。それなりに人気の機種が存在していたし、大手メーカーによるかき氷器のＣＭがゴールデンタイムに流れてもいた。

我々世代にとって人気かき氷器の代表といえば、タイガー魔法瓶製の「キョロちゃん」。クマの形をしたかき氷器で、頭のハンドルを回すとまんまるの目玉が左右にキョロキョロと動く。かなりのベストセラーで、子ども時代、近所の子の多くが所有していた。

我が家にあったかき氷器は、なんの変哲もない機械を赤と白に塗りわけただけのもの。友だちのキュートな「キョロちゃん」を見るたびにうらやましくなった。「買って、買って」とねだったが、母の答えはいつも「これが壊れたらね」だった。

その後、小学校二年生のときに「どうしてもほしいっ！」と思える新製品のかき氷器が登場した。「♪マ〜マ〜レンジ〜、ママレンジ〜」の今はなきアサヒ玩具が発売した「ペンギンちゃんの氷かき」（一九七五年）である。赤い蝶ネクタイをつけたペンギンの人形で、背中のハンドルを回すと胸のところからサラサラと氷が出てくるしくみだった。特に「キョロちゃん」のようなギミックはなかったと思うが、のこいのこ（だったと思う）が「♪ペンギンちゃんのぉ〜、氷かきぃ〜」と歌うテレビCMが大量に放映され、多くの子どもたちを魅了した。姉妹品に「かもめちゃんの氷かき」もあったはず。夏の間中、ことあるごとに「買って！　買って！　買って！」とせがんだが、そのときも我が家の赤白のかき氷器は依然健在で、母の答えはまたもや「これが壊れたらね」だった。手動のかき氷器というのは、やたらと壊れにくい。結局、ものごころついたときから家にあったかき氷器は、ぼくが大人になるまでなんの不具合もなく活躍しつづけた。

1975年、アサヒ玩具から発売された「ペンギンちゃんの氷かき」（昭和レトロ商品博物館所蔵）

●クールズ しろくまくん かき氷器
発売年：1998年　価格：4200円
問合せ：パール金属株式会社／0256-35-3113

かつて子どもたちに人気だった楽しげなかき氷器を彷彿させる商品。現在の手動かき氷器は、シンプルなデザインのものか、版権もののキャラクターを採用したものばかり。この「しろくまくん」のようなオリジナルデザインは少ない。専用の製氷カップが付属するが、通常の製氷皿でつくったバラ氷も使用できる。「回転ねじ式シャフト」によって、ラクラクと氷が削れるのが特徴

甘味処のかき氷

我が家でかき氷をつくる場合、シロップは決まって「明治屋マイシロップ」。たいていイチゴかメロンだった。子どもとしてはもの珍しい真っ青の「ブルーハワイ」なんてのも気になるのだが、母が「青は絵の具みたいで気持ち悪い」などと言ってなかなか買ってもらえなかった。

明治屋以外では、家庭のかき氷の定番メニュー「カルピスかき氷」もよくやった。酸味が決め手になる涼しげな味わいだが、量の調節がむずかしかったのを覚えている。かけすぎると「カルピス」原液の味ばかりになって、逆にのどがかわく。缶の練乳をかけるのも定番だったし、明治屋のイチゴと練乳の合わせワザ「イチゴミルク」なんてのもおいしかった。

懐かしいのは、甘味処のかき氷である。かつての東京には町々に甘味処という和風喫茶店（?）があって、地元にも狭い範囲に二軒もあった。和菓子屋に「イートイン」のような形で併設されていることが多かったが、メニューは店頭の和菓子とは別で、お雑煮やお汁粉、白玉、みつ豆・あんみつ、お赤飯（あるいはお赤飯のおむすび）、磯辺焼き

1950年に発売された「明治屋マイシロップ」（明治屋）

（焼いたお餅に海苔を巻いたもの）など。夏になると「氷」の暖簾《のれん》を店頭にかかげる。客層の中心はおばさん、もしくはお婆《ばあ》さん。多くの人がひとり客で、隣の空席に買いものカゴを置いて「抹茶かき氷」なんかを食べていた。暑い夏の夕方、商店街で慌ただしく買いものをしたついでに、「ちょこっと氷でも食べていこうか」という感じだったのだと思う。主婦に「ちょっとひと休み」を提供するお店だったのだろう。

不思議だったのが、どこの甘味処も内装が銭湯のようにタイル張りになっていたこと。床も壁も白や水色のタイルで覆われていた。これは東京の古風な甘味処に共通する要素だったようだが、かつては「タイル＝衛生的」というイメージがあったのかもしれない。子どもとしては風呂場でものを食べているようで落ち着かなかった。

ほんの数回、やはり買いもの帰りの母につきあって、甘味処でかき氷を食べたことがあった。あまりお店でかき氷を食べる機会がなかったので、シロップは氷の上からかけるだけでなく、あらかじめ器の底にもためておく、というテクニックをそこではじめて知った。それ以来、家でかき氷をつくるときも、この「お店風」のやり方を踏襲した。

現在、地元の甘味処は影も形もなくなってしまったし、下町ならまだしも、東京の山の手の甘味処はほぼ絶滅状態だろう。両手に買いもの袋をさげたおばさんが「スタバ」に入るわけにもいかないし、主婦の「ちょっとひと休み」もかなりむずかしくなっていると思う。

冷たい手づくりおやつ

七〇年代は家庭での手づくりおやつが流行して、各社が「お菓子の素」に類する商品を販売していた。なかでも夏向け商品の代表といえば、ハウスの「シャービック」。冷蔵庫の製氷器でつくれる、という手軽さがウリ。安価な大量パックのアイスが登場する以前、子どもにとって「シャービック」はもっとも身近なアイスだったと思う。市販のいわゆるアイスクリームとはまったく違う「シャービック」ならではの味があって、ちょっとケミカルな香りとミルキーな舌触りが懐かしい。

同じくハウスの「ゼリエース」など、各社が出していたゼリー類も夏によく登場するおやつだ。我が家でもアルミの花形カップで大量につくって冷蔵庫に常備していたが、これがパッケージ写真のようにきれいに型抜きできた試しがない。「お湯でちょっと温めると抜きやすくなる」といったことが箱裏に書かれていたが、結局、いつもナイフなどをカップのフチに差し込んでむりやりほじくり出す。もしくは、もう型抜きはあきらめて、カップにそのままスプーンを突っこんで食べた。スプーンがアルミカップの底をギギギとこすってしまうたびに、嫌な音がして鳥肌が立った。

七〇年代、小学生の間に口コミで流行した夏のおやつに「冷凍バナナ」というものがあった。主に当時の小学生女子の間で広まった全国的ブームだったようだが、うちの小学校ではクラスの担任が「バナナを凍らせるとアイスクリームみたいになるんですよ」と教えてくれた。女の子たちがしき

60〜70年代から販売がつづけられる
冷たい手づくりおやつキット各種

りに「知ってる！　知ってる！」と言っていたので、小ネタとして少女雑誌などで語られていたのだろう。つくり方は簡単、むいたバナナをラップで包んで冷凍するだけ。溶かしたチョコレートにポチャンとつけてから凍らせる、というのもあった。後に縁日屋台で「チョコバナナ」という商品が定着するが、あれより小学生の口コミブームのほうがずっと早かったと思う。

ウワサを聞いてから我が家でもさっそくやってみたが、確かにバナナは凍らせると食感がまるっきり変わってしまう。妙にクリーミーになって、バナナ味のお菓子のように変身してしまうのである。一時期は、遠足おやつにも「冷凍バナナ」を持ってくる子が続出したが、こういう子どもの口コミブームは、あっという間に広がり、あっという間にすたれてしまう。「冷凍バナナ」の寿命もたったひと夏だったと思う。

夏は凍らせて食べる
駄菓子屋の「あんずボー」

子どもにとっては超高額商品
だった「メロンボール」

アイスあれこれ

アイスの記憶は、ほとんどの場合、家庭の風景からは切りはなされている。道端で、公園で、あるいは駄菓子屋の店先で、つまり親の目の届かない野外で、友人たちと味わった思い出が多い。

幼児の金銭感覚では、アイスは通常の駄菓子類に比べて極めて高価だった。カップのアイス、ましてプラ製カップに入った「メロンシャーベット」などは「全財産」を投げうつ必要がある。そこで、我々世代がよく口にしたのは、アイスと駄菓子の中間に位置していた「あんずボー」。アイスとは言いがたいのだが、当時、夏になるとどこの駄菓子屋も保冷庫で凍らせて売っていた。冷たさを味わえるもっとも安価な商品だったと思う。ちょっと「しかたなく」という気分で購入していた。

昭和アイスを代表する「ホームランバー」

残念ながら販売が終了してしまった「チューペット」

そのちょっと上のレベルが、いわゆる「チューチューアイス」である。残念ながら販売が終了してしまった前田産業の「チューペット」などが代表だったが、とにかく長持ちするので子どもたちに好まれた。自転車に乗りながらでも食べられるのも「チューチューアイス」ならではの特徴だ。ビニールチューブを口にくわえながら自転車をこぐ、というのは七〇年代の行儀の悪いガキどもの夏のスタイルである。

れっきとしたアイスクリームのなかで心強い味方だったのは、ご存じ「ホームランバー」。アイスキャンディーではなく、ちゃんとアイス「クリーム」なのに（当時）二〇円。しかも当たりつき。さらに、これがよく当たる。我々の「夏の主食」のようなものだった。

アイスの話とは少しそれるが、夏の買い食いというと、友人たちと区民プールなどに行った帰り道を思いだす。

●ビエネッタ
（左：バニラ　右：チョコレート）
発売年：1983年　価格：各525円
問合せ：森永乳業株式会社／0120-082-749

「アイス＝子どものおやつ」だった当時、「高級」を強調して登場した「レディーボーデン」（1971年）は衝撃だった。それ以上に革命的だったのが、森永乳業の「ビエネッタ」。発売時のCMを見て「これはもはやケーキではないか！」と驚いた人も多いはず。アイスとチョコを何層にも重ねることで生まれる「パリフワ」な食感と、「切って食べる」という前代未聞のスタイルが特徴。「バニラ」は、バニラアイスとチョコレートの組み合わせに北海道産マスカルポーネとブランデーを使用。「チョコ」は、香り豊かなチョコアイスとチョコレートの組み合わせに隠し味のラム酒を使用

「アイスクリーム、ここに極まる。」を宣言した1983年発売時の広告（左）と、当時のパッケージ（右）。昔も今も繊細な「ドレープ」が特徴の優美なアイスだ

小学生時代に通った買い食いスポット。今も「まだある」

子ども時代、プールで遊んだ後の空腹感は尋常じゃなかった。大人になってからは、海やプールで泳いでもあれほどの飢餓を感じたことはないが、運動量が違っていたのだろうか？　家に帰ればご飯が待っているのだが、区民プールそばなどには、たいてい子どもたちの買い食いをあてこんだ「お菓子屋兼パン屋」みたいなお店があるもので、必ずそこに寄り道した。アイスを買うこともあったし、パンを買うこともあったのだが、最大限の空腹を感じているとき、みんなが買うのは『サッポロ一番』だった。

白い目で見られてしまいそうだが、麺をバリバリと砕いて、添付の粉スープをふりかけてから、「ベビースターラーメン」のようにそのままボリボリと食べるのである。誰がやりはじめたのかは知らないが、この人間失格的な食習慣は近所の子どもたちの間でかなり普及していた。実際、どんなお菓子よりも低コストで効率よく空腹を満たすことができたのである。

●昭和の定番アイスたち

マロンクリーム入りの和風
アイス「里もなか」（終売）

カップかき氷の代名詞
「赤城しぐれ」

チューチューアイスの新型
として登場した「パピコ」

パキッとふたつに折って食
べる「ダブルソーダ」（終売）

和風バーアイスの定番
「あずきバー」

超ゴージャスなイメージだ
った「レディーボーデン」

謎めいたイメージが口コミ
で人気となった「うまか棒」

ユニークなとうもろこし型アイス
「とうきびモナカ」（終売）

夏のおやつ　飲みもの編

——麦茶、サイダー、粉ジュース

麦茶に砂糖

我が家では「コーラ」や「ファンタ」などの炭酸飲料に対して母親があまりいい顔をしなかった。「コーラ」は子どもの骨を溶かしてしまう、というウワサがまことしやかにささやかれていた時代である。いくら飲んでも文句を言われないのは、いかにも体によさそうな「ポンジュース」などの果汁一〇〇パーセントのフルーツジュース、あるいは「カルピス」「ミルトン」「ハイカップ」「コーラス」「マイラック」などなどの各種乳酸菌

お中元の王者「ポンジュース」（1952年、えひめ飲料）。この懐かしいガラスビンタイプは終売。現在はすべてペットボトルになっている

飲料。どちらもお中元として「在庫」がゴッソリと常備されていた。

しかし、子ども時代の夏にもっとも頻繁に口にした飲みものといえば、やはり麦茶である。これこそが夏の主食ならぬ主飲料だ。

ペットボトル入りはもちろん、ティーバッグタイプも主流ではなかった当時、どこの家庭でも麦茶はムギを煮出してつくった。この作業は夏の間しか行われない。煮出したばかりの熱い麦茶が入った大きなヤカンを、水道水をしばらく出しっぱなしにして冷やすときのジャーッという水音、そして台所いっぱいに広がる香ばしいムギの香りは、幼少期の夏を思いおこすときには必ずよみがえってくる。

小学校の低学年くらいまでだろうか、ぼくが麦茶を飲む際には必ず砂糖を入れた。それぞれの家庭の流儀があるので、この段階で「え？　砂糖？」と目を丸くしてしまう人もいると思うが、これについては「あ、ウチもやってた」という同世代人も少なくない。昭和の子どもの「麦茶マナー」として一応「アリ」だったのだと思う。

「アリ」か「ナシ」か迷ってしまうのが、次に紹介するさらなるアレンジだ。大学生時

代に友人たちと話しているとき、ぼくはなんの気なしに「子どものころは牛乳入り麦茶を『コーヒー牛乳』って呼んでたよね」と言ってしまったことがある。友人たちは全員ギョッとした顔をした。なかには同情的なまなざしでぼくの顔をまじまじ眺めるヤツもいて、彼はたぶん「この人はとても貧しい家庭で育ったんだ」などと考えていたのだと思う。そこではじめて我が家の常識が必ずしも日本人の常識でないことを知って愕然としたのだが、少なくともぼくが育ったエリアでは、「よっちゃん」も「いっちゃん」も「たかし君」も、「牛乳入り麦茶」を「コーヒー牛乳」と称して愛飲していた。事実、濃いめの麦茶にたっぷりの砂糖、そして麦茶とほぼ同量のミルクを入れると、本当に美味なのである。かつて「ケロッグ」シリーズに「ハニーポン」という商品があったが、あれを食べたときに最後に残る香ばしい褐色のミルク、あの味とそっくりになるのだ。

サイダーに牛乳

麦茶の「コーヒー牛乳」の話から、もうひとつ、独自アレンジの不思議ドリンクを思い出した。こちらはエリア限定のものではなく、七〇年代後半の一時期、多くの小学生

●ミルトン
発売年：1957年　標準小売価格：各370円
問合せ：前田産業株式会社／072-922-6045

50〜60年代は、乳酸菌飲料の過当競争時代。この競争に勝ち残った商品はごくごくわずかだが、「ミルトン」はそのひとつ。「白もの」ばかりだった乳酸菌飲料市場に、日本初の果汁入り乳酸菌飲料として登場。乳酸菌と果汁は分離しやすく開発はかなり難航したが、「酵素分解」という手法によって解決した。最初に発売されたのは「オレンジ」、翌年には「パイン」「マスカット」が加わった。当初はガラス製のユニークな形状のビンで売られ、高価なギフトセットがデパートなどで人気を得た。現在は白、ピーチ、ぶどう、パイナップル、ミックスフルーツの全５種

初期に販売されていたキュートなビン入りタイプの「ミルトン」

の間で口コミ的にプチブームになったらしいレシピである。

その名は「サイダー牛乳」。エリアによっては「牛乳サイダー」とも呼ぶ。その名のとおり、サイダーを牛乳で割るのだ。「うぇ〜」と思うかもしれないが、先ほど三〇年ぶりにトライしてみたところ、ちゃんと記憶どおりの、いや、それ以上の味わいだった。ちょうどクリームソーダのアイスがすべてソーダに溶け込んじゃったときの味に似ている。

ウチの学校では、ぼくが四年生のときに女の子たちを発信源にして口コミ的に広まり、学校中を席巻した。流行したのはほんの一時期だったが、全盛期には女子の誕生会にお呼ばれしたときなどにも出されるほどに定着していた。かつて、「ウニにしょう油をかけるとプリンの味」といった不思議レシピが小学生の間で流行ったことがあったが、同じようなネタとして「サイダー牛乳」が少女雑誌などに掲載されたのかもしれない。

また、ぼくの学校では「サイダー牛乳」にさらに生タマゴ（黄身だけ）を加えるという上級者向けレシピも流行した。この「サイダー牛乳セーキ」についても、「やった、やった！」という人が多い。子ども時代の記憶では確かにおいしかったのだが、さすがにサイダー＋生タマゴは大人の感覚ではかなりの抵抗がある。先ほどやってみようと思ったのだが、タマゴを割る段になって急に恐ろしくなり、断念。

粉末ジュースの味わい

一九六〇年代後半、主にチクロなどの人工甘味料の使用が禁止された。これによって、それまで家庭用ジュースの主流であった粉末ジュースはいっせいに販売が中止される。もともと禁止された甘味料を使ってない商品もあったし、甘味料を変更してつくられた新商品も登場したが、イメージの悪化はぬぐえず、結局、粉末ジュースという商品ジャンル自体が市場から消えてしまった。

ぼくら世代がものごころついたとき、すでに粉末ジュース市場は崩壊していたので、CMで一世を風靡し、上の世代の思い出話には必ず登場する「渡辺のジュースの素」も、残念ながら記憶にない。が、それでもかろうじて粉末ジュースの「残り火」のようなものには間にあっている。

駄菓子屋で現在も売られている小袋の粉末ジュース、あれらのジャンク感に満ちた商品はここでは扱わないことにして、いわゆる家庭用の粉末ジュースも、ごく細々とではあったが、七〇年代後半くらいまではかろうじて販売されていた。スーパーなどでも夏の間だけは小さな売り場が用意され、三種程度の商品が並んでいたのを覚えている。

顔をしかめる母をなだめすかして、ひと夏に二、三度は買ってもらったが、「めったに買ってもらえない」というレア感が強かったせいか、ものすごくおいしく感じた。よく母の目を盗んで粉のままペロペロとなめたりもしたものだ。

今となっては商品名もメーカー名も調べようがないが、毎年買ってもらっていたのは大袋に入った商品で、袋にはグラスに注がれたソーダの写真が印刷されていた。緑の袋のメロンソーダと赤い袋のストロベリーソーダの二種があったと思う（オレンジもあったかな？）。サラサラの顆粒《かりゅう》に水を注ぐとシュワシュワと発泡し、きれいなグリーンのメロンソーダ、鮮やかなピンクのストロベリーソーダができあがる。

粉末ジュースには、粉末ジュースにしかない独特の味があった。代替がきかないのである。本物のソーダやジュースでは、あの不思議なシュワシュワ感と味わいは体験できない。現行品の粉末ジュースを飲んでみると、「ああ、この味！」という懐かしい感慨といっしょに、長らく記憶の奥に沈んだままだった幼少期のあれこれが浮かびあがってくる。

●メロンソーダの素（左）、オレンジソーダの素（右）
発売年：2010年　価格：各126円（3袋入り）
問合せ：クラシエフーズ株式会社／0120-202-903

クラシエフーズの前身であるカネボウは、1973年に渡辺製菓を吸収合併している。この渡辺製菓が、かの「渡辺のジュースの素」を製造していたメーカーだ。「メロン／オレンジソーダの素」は、当時のレトロな粉末ジュースを現在の技術で新たに再現したもの。合成着色料・保存料不使用など、現代の健康志向に対応した商品なので、かつてのような鮮やか過ぎる色味は楽しめない。が、独特のシュワシュワ感と味わいは、確かに粉ジュースならではの懐かしさだ

左が「メロン」、右が「オレンジ」。色はあくまでおとなしめだが、あの懐かしい粉ジュースならではの味わいを新製法で再現。渡辺製菓の技術を脈々と受け継いできたクラシエならではの商品だ

●今も「まだある」夏の定番ドリンクたち

「ネクター」

「キリンレモン」

「グァバ」

「メッツ」

「スウィートキッス」

「バヤリース」

「リボンシトロン」

「チェリオ」

ジュースあれこれ

基本的に色つきジュースや炭酸類は控えめに、という家風だった我が家だが、それでも夏の記憶に結びついたジュース類は、商品名をあげはじめるときりがない。トロトロ感が特徴だった「ネクター」、通学路の自販機で買う「チェリオ」、なぜか旅先のホテルの部屋で飲むことが多かった「オロナミンC」、ドライブインでよく買った「つぶつぶオレンジ」……。

なかでも、「これぞ夏休み」というイメージが一番強いのは、小学生時代、休みがはじまると同時に泊まりに行く「おじいちゃんち」で飲み放題だった「三ツ矢サイダ

我々世代なら今も目に焼きついている「オロナミンC」のホーロー看板。ちなみに商品名の由来は、大塚製薬の看板商品である「オロナイン軟膏」と「ビタミンC」を組み合わせたものなのだそうだ

●オロナミンC
発売年:1965年　価格:110円
問合せ:大塚製薬株式会社/0120-550708

説明不要の国民的ビタミン補給飲料。ビタミンC、B_2、B_6などがバランスよく含まれており、なおかつ小さな子どもでも親しめるおいしさが特徴。なぜか旅行先のホテルや旅館の冷蔵庫に必ず入っている商品で、いまだに「オロナミンC」を飲むと小学生時代の家族旅行を思いだす。大村崑氏やジャイアンツの各選手などが出演する定番のCMも思い出深い。特に印象的なのが、大村崑一家が登場する70年代のCM「カクテル編」。家族がそれぞれ「オロナミンC」のオリジナルカクテル・レシピを紹介していくという内容で、ミルクで割った「オロナミンCミルク」、卵で割った「オロナミンセーキ」は子どもたちの間でも話題になった。実践した人も多いだろう

ー」。いつも祖母がケースで用意しておいてくれて、水代わりのように飲ませてくれた。家ではなかなか味わえないので、これを飲むと「あぁ、夏休みだなぁ」という気分になったものだ。よく縁側の窓を開けはなして、狭い庭と、そのむこうに広がる竹やぶを眺めながら飲んだ。夏の芝生のむせかえるような香りが、「三ツ矢サイダー」のシュワシュワ感、そしてかすかな香料の風味を、いっそう夏らしく感じさせてくれた。

「三ツ矢サイダー」

　もうひとつ、忘れられないのが一九七五年発売の「ユーフー」（大洋漁業。現在のマルハニチロ）という商品。唇のイラストがデカデカとプリントされた白い缶のチョコレートドリンクだ。あまり覚えている人がいないのだが、少なくとも七〇年代の東京ではかなりポピュラーで、ＣＭも放映されていたはず。ぼくはこれが大好きだった。今思えば、味は単なる「薄めたココア」だったような気もするが、あの缶の変なデザインは、今もあらゆる缶ジュースのなかで一番好きだ。

いまやほとんど語られることもない「ユーフー」の缶。同世代の東京人なら、かなりの人の記憶にあるはずなのだが……

●つぶつぶオレンジ
発売年：1981年　価格：120円
問合せ：サッポロウエシマコーヒー株式会社／011-807-1122

80年代初頭にちょっとしたブームとなり、各社から発売された「つぶつぶオレンジ」。はごろもの「こつぶ」などが代表的な商品だったが、いつの間にか見かけなくなってしまった。この商品はブーム全盛期の1981年に北海道のメーカー・サッポロウエシマコーヒーから発売され、約30年間にわたって道内で親しまれている商品。当時定番だった「つぶつぶ写真」を掲載した缶のデザインも懐かしいが、昔ながらの製法にとことんまでこだわり、当時のままの味を堅持している。工程が複雑なため、10年ほど前に他メーカーの商品がすべて生産中止となった現在、缶のものでは唯一の「つぶつぶオレンジ」だ。残念ながら北海道地方のみの限定商品

●コラム――ヒヨコの形の夏みかんの皮をむくヤツ

まさか、これが「まだある」とは思わなかった。ヒヨコの形をした「夏みかん（というか、大型の柑橘系果物ならなんでもOKなのだが）の皮むきツール」である。七〇年代なかばごろまでは、全国的に普及していたおなじみの商品だ。復刻モノなどではない。この愛らしいヒヨコ、一九七〇年ごろに誕生して以来、ずっと密かに生息しつづけていたのだそうだ。

ぼくの幼少期には、どこの家庭にもひとつ、いや、三つや四つは必ずあったと思う。わざわざ購入するものではなかった。このあたり、記憶があまりはっきりしないのだが、果物屋さんや八百屋さんで一定数以上の夏みかんを買うと、オマケのような形でもらえたはず。また、お中元などで箱詰めの夏みかんなどをもらうときも、やはりオマケとしてついてきたと思う。我が家にはあちこちからもらったヒヨコが大量にあって、ぼくはいつもこれを手裏剣のように投げて遊んでいた。粘土で遊ぶときのヘラにもちょうどよかった。

当時はすべてのヒヨコが赤だったはず。まさか、これほど豊富なカラーバリエーションがあったとは。さらに驚いたのは、昔から「ヒヨコの形の夏みかんの皮をむくヤツ」などと呼んでいたこれに、ちゃんと「ミニー」というキュートな名前があったこと！

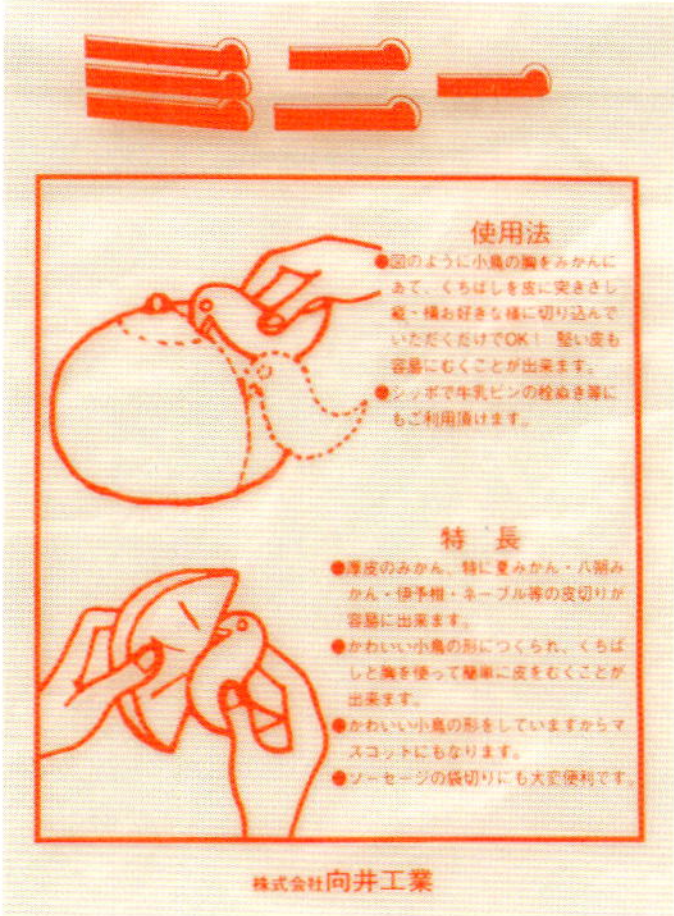

まさに「昔のまま！」のフォルム。材質の感じや、クチバシに斜めのカットが入っているあたり、「そうそう！　こうなってた！」とうれしくなってしまう。70年代当時は主に果物の問屋さんに卸していたそうで、商品として果物店などで売られる場合もあったようだが、やはりオマケとして無料配布されることも多かったそうだ。現在は向井工業の楽天市場内ストア「石垣島本舗」にて通販可能。http://item.rakuten.co.jp/h-ishigaki/008001/

袋には懇切丁寧な使用方法の解説が。実際、すごく便利で、なおかつ安全なのだ

●夏みかんの皮むき「ミニー」
発売年：1970年ごろ　価格：350円（7色×2枚の14枚セット）
問合せ：株式会社向井工業／0120-41-6667

お風呂、行水、水遊び

——扇風機に「あ〜!」

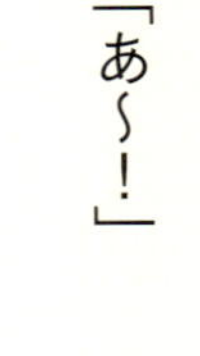

道ばたでプール

小学校の一年生くらいまでだろうか、日射病の危険があるほどの炎天下の日には、空気でふくらませる小さなプールに入って遊んだ。壁の部分が青で、底が白く、確か『みなしごハッチ』のイラストが描かれていたプールだったと思う。

当時、夏になると街のおもちゃ屋さんの店先に、色とりどりのミニプールがぶらさがっていたのを覚えている。近所の各家庭にそれぞれプールが用意されていて、ぼくも我が家のものだけでなく、よその家のプールにもよく入れてもらった。うちでプールに入る場合も、わざわざ近所の「よっちゃん」を呼びにいってふたりで入る。「今からプールに入るからいらっしゃい」と、各家庭がよその子を「お招き」するのが習慣になっていたようだ。

地元・恵比寿は商店街なので、庭のある家などない。たいていの家は玄関先の路地に即席のプールを置いた。店を営んでいた実家は大通りに面しているので、それなりに人通りのある店の前の道にプールを設置して、父や母が店番をしながら、ジャバジャバと水遊びをするぼくの相手をしてくれた。この光景を思い浮かべると、本当に隔世の感がある。今の恵比寿では考えられないことで、なんとものんびりした時代だったのだ。

幼児ふたりが入ればそれでいっぱいになってしまうようなプールで、遊ぶといっても基本的には冷たい水に浸かっているだけ。それでも当時の感覚としては、「今日はプールを出しましょう」となると結構なイベントで、「やったーっ！」

お風呂場で行水中の筆者。1968年ごろ

と大はしゃぎした。水鉄砲で撃ちあったり、せまい水たまりにゼンマイの船やサカナを走らせたり、親にホースで頭から水をかけてもらったり、それだけで夏を満喫できた。

　ああいうプールに入るのは、幼児のころのほんの一時期だけだ。ぼくも、おそらく三歳くらいから三年ほどで卒業したと思う。それなのに、いまだに「プールの底がゴツゴツしていた」という感触を足の裏が覚えている。あの種のプールは底が薄いビニール一枚で、コンクリートの上におくと地面の凹凸がそのまま肌に伝わる。下に小石などがあると、足の裏がとても痛かった。プールに入るたびに、「底の部分にも空気が入るようにつくればいいのに」と思ったことを覚えている。

東京・足立区にある老舗メーカー、イガラシ製のプール。同社のプールには、角型のものやイルカ型、自動車型のものなど、さまざまなバリエーションがある。これはもっともスタンダードな直径80cmの商品。我々世代が楽しんだのと同様なモデルだ。「ハッピーサバンナ」という商品名どおり、野生動物のイラストがあしらわれている。ほかにピンク色の女児向けタイプもあり

●ハッピーサバンナプール
発売年：1970年代　価格：2730円
問合せ：株式会社イガラシ／03-3853-2421

夏のお風呂

真っ昼間や、夕方のまだ明るいうちにお風呂に入る。わが家では、これは夏ならではのことだった。夏の間は毎日そうしていたというわけではなく、特別に暑い日などに「今日は行水しましょうか」ということになって、昼間から人肌程度のぬるめのお湯に入る。湯あがりには素っ裸のまま扇風機の前にしばらく座りこんで、体を乾かしながら回転する羽根にむかって「あ〜」と声を出したりしていた。庭にタライを出して行う風流な行水などは、当時、すでに過去のものになっていたが、クーラーが広く普及する以前、「行水」という古風な言葉はまだ夏の暮らしのなかに生きていたと思う。

また、縁日や盆踊り、あるいは今夜はみんなで夕涼みの花火をやる、といった日にも、「じゃあ、今日は早めにお風呂に入っちゃいなさい」ということになって、夕方の明るいうちからお風呂に入った。さっぱりしたあと、素肌に浴衣を着るのである。

明るいというだけで、お風呂場が普段とはまるっきり違って見えて、なんだか不思議だった。明るいお風呂に入るときは、夜に楽しみが待っていることが多かったからというのもあると思うが、ちょっと贅沢な感じというか、特別な気分になれた。

●ライオンこどもハミガキ（右3点は「クリニカKid'sハミガキ」）
発売年：1962年　価格：オープン価格
問合せ：ライオン株式会社／03-3621-6611

1962年、「いちご」「バナナ」「ジューシー」の3種で発売された。ぼくがもの心ついたときにはすでに「ジューシー」はラインナップからはずれ、「オレンジ」が加わっていた。「ジューシー」がどんな味だったのか気になる！　個人的にはバナナの味が大好きで、よく母親から「食べちゃダメ！　磨くのっ！」と怒られていたものだ。現行品では、その「バナナ」と「オレンジ」が消え、代わりにぼくら世代の知らない「メロン」が加わっている。一体型キャップ採用の縦型チューブを飾るのは「アンパンマン」

「トッポジージョ」「悟空の大冒険」「ジャングル大帝」を採用（1967年）

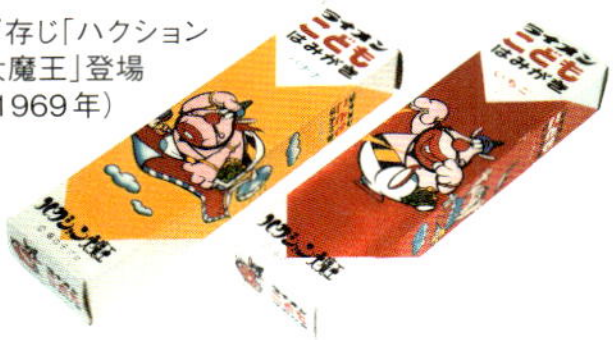
ご存じ「ハクション大魔王」登場（1969年）

「ケロヨン」「オルソポピー」（「トッポジージョ」の仲間）登場（1968年）

ディズニーキャラ採用の「ライオンディズニーこどもはみがき」（1962年）

お風呂というと、大変なのは海水浴後。海から帰った次の日あたりだ。なぜか日焼け直後はそうでもないのだが、一日経過したころからヒリヒリと痛みだす。湯船をいくらうめても、まるで熱湯のように肌にしみて、「イテテテテ！」などと大騒ぎしながら入った。体を洗うのもひと苦労で、洗うというより、石鹸の泡をそぉ〜っと肌の表面に伸ばすような具合になる。

夏のお風呂でもうひとつ思いだすのは、一九七五年、ぼくが八歳のころに発売された「クールバスクリン」(現「バスクリンクール」)。我が家は普段から「バスクリン」を欠かさなかったが、というより、ぼくが当時の「バスクリン」についてきたオマケが大好きで、常に親にねだって買ってもらっていたのだが、新製品の「クールバスクリン」をはじめて使ったときは衝撃だった。「マリンブルー」の色は、まるで海の底にいるみたいな気分になれるし、お風呂玩具の潜水艦なんかを走らせると、本物の特撮映像のように見えた。ペパーミントの香りもそれまでにないもので、スーッとする清涼感も未体験の感覚。夏の湯あがりはいつまでも汗がひかないものだが、そういう不快感がまるでない。夏の間はこれでいこうと考えたが、悩ましいのは、当時の「バスクリン」のラインナップのなかで、どういうわけか「クール」にだけオマケがつかないのである。

●ライオンこどもハブラシ（右3点は「クリニカKid'sハブラシ」）
発売年：1962年　価格：オープン価格
問合せ：ライオン株式会社／03-3621-6611

1962年、「ミッキーマウス」「101匹わんちゃん」「チップ&デール」のディズニーキャラ3種で発売された。シールと点数券がついており、点数を集めると景品がもらえるシステムだったそうだ。現行品は年齢に合わせた3種のラインナップ。ソフト加工毛の「0〜3才用」、細かいギザギザカットの毛先の「1.5〜5才用」には「それいけ！アンパンマン」、先端丸形カットの毛先の「6〜12歳用」には「星のカービィ」「まめゴマ」のキャラクターをそれぞれ採用している

「ライオンディズニーこどもハブラシ」として発売（1962年）

柄が1〜2mm長くなり、曲がりが大きくなった（1964年）

「悟空の大冒険」を採用。ほかに「トッポジージョ」「ジャングル大帝」が発売された（1967年）

●バスクリン（左：ジャスミンの香り　中央：森の香り　右：バスクリンクール）
発売年：1930年　価格：オープン価格
問合せ：ツムラライフサイエンス株式会社／0120-39-8496

1930年に登場した元祖・入浴剤。「バスクリン」として発売されたのは1930年だが、もともとは「浴剤中将湯」として1897年に発売されたものが前身商品。婦人用漢方薬「中将湯」で使用した生薬を応用した入浴剤だったのだそうだ。発売時は主に銭湯に売りこみ、一般家庭に内風呂が普及した60年代に大ヒット商品となった。「クールバスクリン」（現「バスクリンクール」）の発売は75年。冬のイメージが強かった入浴剤だが、画期的な夏向け商品として登場した

当時は、ただでさえ入浴剤のオマケ集めには入念な作戦が必要だった。「バスクリン」以外に、今はなきライオンの「シャワシャワ」（「オー・シャンゼリゼ」のメロディで「♪お〜、シャワシャワ〜」というCMソングでおなじみだった）にも魅力的なオマケがついていたのだ。どちらかの商品に新たなオマケが登場する時期を見はからいつつ、家に在庫されている入浴剤の消費スピードを調節しなければならない。そこにオマケのつかない「クールバスクリン」が加わったため、入浴剤選びはさらに困難を極めることになった。

左上から1960年のブリキ製楕円缶、68年の「ローズ」「リリー」の缶、そして我々世代が記憶している74年から83年まで販売された大小の「ジャスミン」の缶

1930年発売時。「夏に湯あがりの汗がひかない」というユーザーの声に応えて開発された。黄色い粉を湯に入れると緑に変わるという特徴は、すでにこのころからのもの。当時は洗顔用としても用いられた

84年のオマケ「温度計」。湯船の温度を計れるものだったようだ。70年代はもっと不可思議なおもちゃがオマケにつけられたが、残念ながら画像は残っていないらしい

こちらは抽選で当たるタイプのプレゼント。左は78年の「つりつりゲーム」、右は86年の「ユーちゃんバスマット」

あせも

生活環境などが関係していたのだろうか、昭和の子どもは今の子たちよりもあせもになりやすかったように思う。夏の間、小さな子どもはみんなひじやひざの裏、首のまわりを赤くしていた。本人はたいして苦痛でもないのだが、とにかく母親が気にしていた。お風呂あがりなどに全身をチェックされ、「あ！　またあせもができてる」なんてことになると、パフパフパフパフと「シッカロール」をはたかれて、体じゅう真っ白にされてしまう。

もちろん、今もあせもで悩む子どもやお母さんは多いだろうが、クーラーの普及やらでだいぶ軽減されているのだと思う。首や腕を赤くしている子をあまり見ないし、「シッカロール」で白くなった子どもも見かけない。ぼくの子ども時代は、白い首やひじをTシャツからのぞかせて遊んでいる子どもたちをよく目にしたものだ。ぼく自身もそうだった。園児のころはなんとも思わないのだが、小学校にあがるころになると、あの白い跡が赤ちゃんみたいで、なんだか恥ずかしいと思うようになる。炎天下に遊びに行こうとすると、母に「ちょっと待ちなさい」と呼びとめられて、問答無用で首と手足にパフパフされてしまう。家を出ると、誰かに見られる前にものかげに隠れて、肌をこすって

●シッカロール
発売年：1906年　価格：273円
問合せ：和光堂株式会社／電話番号非掲載

明治時代に登場した国産初のベビーパウダー。江戸時代には、各家庭で天花粉（ウリ科の植物から採取したデンプン）などの粉があせも予防などに使用されていた。この民間療法をもとに開発されたのが「シッカロール」だ。商品名は、ラテン語で「乾かす」を表わす「シッカチオ」に由来。発売当初から赤ちゃんのイラストが缶に描かれていたが、我々になおじみのデザインに近くなるのは60年代に入ってから。1967年からは現在の缶と同じ赤ちゃんの写真が使用されている

粉を払い落としたりしていた。

たいていの子は、小学校の高学年くらいになると、あせもとは縁がなくなってしまう。一定の年齢に達すると、体温調節がうまくできるようになるかららしい。ぼくも、ある時期からいくら汗をかいてもあせもができなくなった。それからすでに三十数年が経過しているが、あのジリジリと痛がゆいような感じと、そこに「シッカロール」をはたかれたときに漂うほのかな香りは、今もはっきり覚えている。

夏の虫　害虫編　――「ブ～ン」もまた夏の風情

「カ」

子どものころから思っていたことだが、れっきとしたひとつの生きものの名称として「蚊」はひどすぎる。なにしろ「カ」である。漢字でもカナでもひと文字。名づけた人の「どうでもいいや」という手抜き感、いや、むしろ「できるだけ投げやりな名前にしてやれ」みたいな悪意すら伝わってくるようだ。

確かに蚊は害虫だが、もし絶滅してしまったらどうなるか。間違いなく、夏の風情は半

減してしまうだろう。蚊がいなくなれば「蚊取り線香」も必要なくなるわけで、緑の渦巻きから静かに煙が立ちのぼる風情とか、縁台のわきの「蚊遣《や》り豚」なんて光景も消えてしまう。とりわけ、あの独特の香りが日本の夏から消えてしまうことになる。

匂いは、目で見たものや舌で感じる味よりも、記憶を強く刺激する。真夏、どこかの観光地のさびれた食堂などに入ったとたん「蚊取り線香」の香りをかいで、いきなり子ども時代の「おじいちゃんち」を思い出した、なんて体験は誰にでもあると思う。

蚊に関連した商品には、独特の香りを持つものが多い。「蚊取り線香」を筆頭に、ぼくら世代なら「ベープマット」のちょっとツンとする匂いが幼少期の夏の記憶に強く結びついているし、シューッとした後の「キンチョール」の匂いも印象的だ。また、「キンカン」や「ムヒ」の香りも、肌にスーッと感じる清涼感とともに記憶に刻まれているし、肌に塗るタイプの各種虫除けの香りも忘れられない。

蚊は「百害あって一利なし」の害虫ではない。昔から日本の夏にさまざまな夏らしい香りをもたらしてくれているという意味においては、秋のスズムシ同様、「季節感を演出してくれる」という「一利」があると思う。

「ベープ」は熱帯夜の香り

蚊関連商品の代表といえば「蚊取り線香」、正式名称「金鳥の渦巻」だが、我が家で主に使用されていたのは電気式の「ベープ」だった。「蚊取り線香」は玄関の前で花火をやるときとか、コンセントのない場所で使われるのみで、殺虫剤系の香りで幼少期にもっとも親しんだ(?)のは「ベープ」なのである。夏の間は寝室の必需品だった。子ども時代の「ベープマット」は今のものよりもっと香りがキツかったと思うが、柑橘系フルーツとミントと病院の匂いをブレンドしたような独特の香りは、現行品も変わっていな

●キンチョール
発売年：1952年　価格：450ml 861円
問合せ：大日本除虫菊株式会社／06-6441-0454

60年代後半の「キンチョール」。70年ごろから、現在のような槍型のパターンが採用された

1934年にポンプで噴霧する方式のビン入り液体殺虫剤として登場、その後、52年に現在のようなエアゾールタイプとなった。エアゾール殺虫剤としては日本初の商品。米軍が南方のジャングルで使用していた噴射式殺虫剤を参考に開発された。商品名は「キンチョー」と「オイル」をミックスしたもの

い。子ども時代は夏の間中、あの香りに包まれて眠っていたようなもので、今も「ベープマット」の香りをかぐと即座に幼少時の熱帯夜が思いおこされる。

おそらく幼稚園ぐらいまで、親から「これは絶対に触っちゃダメ」とのお達しが出ていた。が、毎晩、眠る前に親が「ベープ」をセットする姿を見るたびに「やらせて、やらせて」とねだったのを覚えている。子どもは変なモノに関心を持つものだが、機械（「ベープ」）に部品（「マット」）を取りつける感じが、ちょっとカッコよく思えたのだろう。

少し成長してからはお許しが出て、眠る前の「ベープ」のセットはぼくの役目になった。銀色の小袋からマットを取りだすときは「絶対にマットに触れないように」と、袋の上からつまんで、うまく「ベープ」の熱板部分にすべり込ませる方法を伝授された。

翌朝、一晩中働いたマットはすっかり薬用成分が抜けて、白に近い水色に変わっている。それを目にするたびに、なぜか決まってむなしいような、悲しいような、不思議な気持ちになったのを覚えている。幼児期の感覚は今となっては説明不能だが、なんとなく、自分が眠っている間にも時間はどんどん流れていく、ということを、白くなってしまったマットから感じ取っていたような気がする。

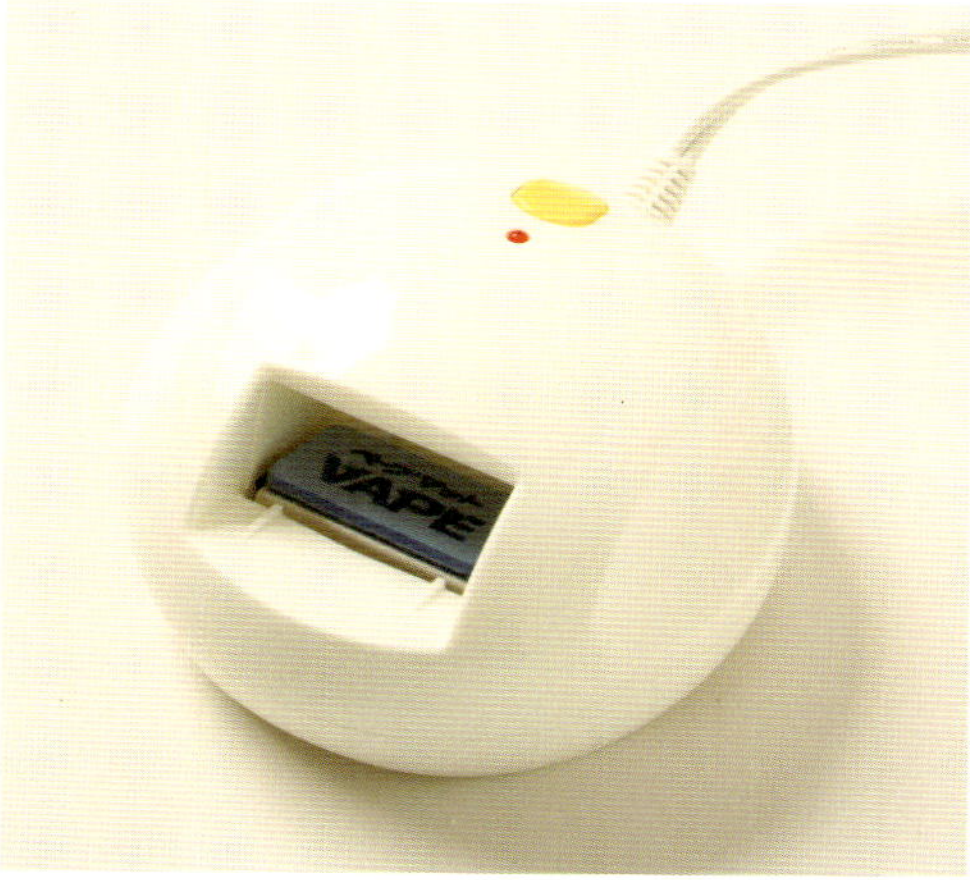

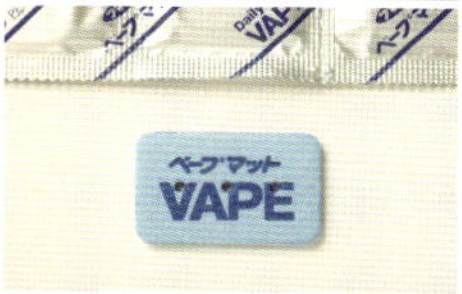

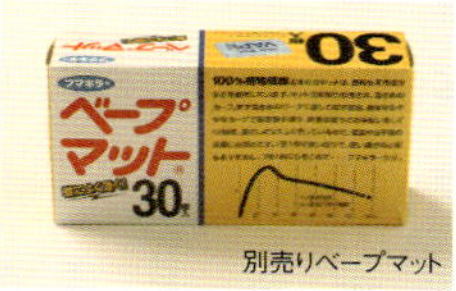

別売りベープマット

●ベープ(ベープマットセット)
発売年：1963年　価格：880円(マット30枚入り)
問合せ：フマキラー株式会社／03-3255-6400

世界ではじめて開発された電気を利用する蚊取り器。我々世代の幼少期にはすでに広く普及しており、「蚊取り線香」と並ぶ定番の蚊撃退商品として定着していた。現在はさまざまな形で進化しており、液体の薬剤を使う「ベープリキッド」、電池式で携帯も可能な「どこでもベープ」、火も電気も使わない「おすだけベープ」などが販売されている。もちろん「ベープマット」を使用する昔ながらのタイプも健在。匂いに敏感な人向けの微香性「ベープマットソフト」などもある

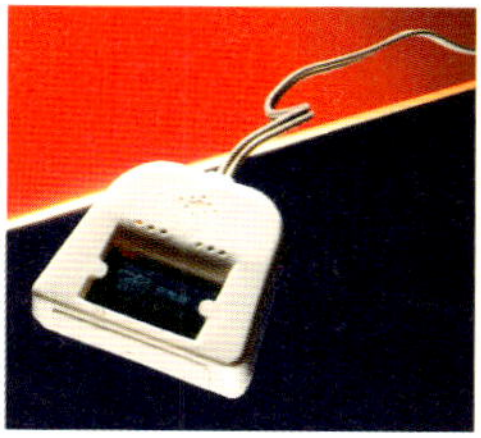
「ベープ」1号機。シンプルなデザインで本体も小さかった

1972年の「ベープ」。ぼくの幼少時に使っていたのがまさにこれ。網目のような本体のデザインが懐かしい！

「おじいちゃんち」の蚊取り線香

「ベープ」派だったぼくも、「蚊取り線香」に強烈な思い出がある。

ぼくは小学校の二年生くらいまで小児喘息《ぜんそく》持ちで、ときおり夜中に発作を起こして眠れなくなった。ある年の夏休み、「おじいちゃんち」に泊まっているときに喘息の発作が起きて、祖母は外の空気を吸ったほうがいいと縁側の窓を開けはなした。藪《やぶ》蚊が襲ってくるので、祖母は「蚊取り線香」に火をつけて、煙を吸ってはいけないからと少し離れたところに置いてくれた。たぶん、そのときにはじめて「蚊取り線香」の香りをかいだのだと思う。「『蚊取り線香』って、こういう匂いがするのか」と思ったことを覚えている。

ぼくは縁側に腰掛けて、呼吸が困難になっている喉《のど》をゼエゼエと鳴らしながら、真っ暗な外の闇を眺めていた。祖母は隣に座って、なにも言わずにゆっくりと団扇《うちわ》であおいでくれた。喘息の発作は、とにかく一度起こったら、それが過ぎていくのをじっと待つしかない。苦しさをがまんしながら、ただ外の闇を眺めているうちに、だんだんと目が慣れてきて、庭の向こうの竹やぶの影が浮かびあがってきた。

蒸し暑い夜だったが上空には風があるらしく、いくつもの背の高い竹が、生い茂った

●金鳥の渦巻
発売年：1902年　価格：388円（10巻入り）
問合せ：大日本除虫菊株式会社／06-6441-0454

「金鳥の夏、日本の夏」のキャッチコピーどおり、もはや夏の象徴ともいえる商品。一世紀前の発売以来、100%植物に由来する成分のみでつくられている。大日本除虫菊は1890年に棒状の蚊取り線香を発売したが、どうしても短時間で燃えつきてしまう。1895年、創業者の上《うえ》山《やま》英一郎氏の夫人・ゆきさんが渦巻き型にすることを思いつき、7年の試作期間を経て発売された。現行品は約7時間の連続使用が可能

葉をサワサワと鳴らしながら、夜空を背景にうごめいている。眺めているうちに、うごめく竹やぶの影が、だんだんと獣じみた黒い生きものの群れに見えてきた。竹の葉のこすれるサワサワという音は、夜の獣の息づかいに聞こえてきた。なにか獣どうしでひそひそ話をしながらこちらを見ているような、少しずつこちらに近づいてきているような気がして、心臓がドキドキしてくる。

どのくらいそうしていたのかはわからない。喘息の発作は、突然、ケロリとなおってしまった。フッと息が軽くなったと思ったとたんに、夜の獣の幻はかき消えて、気づくと東の空が白んでいた。

大人になった今も、「蚊取り線香」の香りをかぐたびに、反射的にこの夜の光景が目前に浮かぶ。あまりいい思い出ではないはずなのに、なぜか妙に懐かしくて、思いおこすたびに満ち足りた気分になってしまうのは不思議だ。

●ムヒS
発売年：1926年　価格：577円
問合せ：株式会社池田模範堂／076-472-0911

超ロングセラーの国民的かゆみ止め。商品名などのイメージから比較的新しい印象があるが、実は昭和のはじまりとともに誕生した古株商品なのである。池田模範堂は、富山をメッカとする家庭配置薬の販売会社として創業。いわゆる「富山の薬屋さん」だ。「ムヒ」も家庭配置薬として、缶入り軟膏の形で売りだされた。1927年にチューブ型を発売。これが話題をさらって人気商品となった。かつてのパッケージは緑をイメージカラーとしていたが、約40年前に赤と白を基調とした現在のパッケージになった。ちなみに、商品名は「唯一無比」の「無比」に由来

1930年代、緑の時代の「ムヒ」シリーズ

こちらは懐かしい「ムヒL」。現在は「液体ムヒ」として販売されている

「シーモンキー」みたい！

子ども時代は蚊にさされまくっていた。ぼくだけではない。夏の間の昭和の子どもは、手足に蚊の刺し痕《あと》が無数にあった。いつも「キンカン」や「ウナコーワ」、「ムヒ」のスースー感を肌に感じながら遊んでいたはずだ。大人になってからは、あれほど刺されまくることはまずない。これはどういうわけか？　藪《やぶ》蚊がウヨウヨしているような場所に出入りしなくなるからか？　半袖半ズボンで一日中外を出歩いたりしなくなるから？　それもあるだろうが、蚊の絶対数が減ったのではないかと思う。子ども時代、ぼくの遊び場だった公園は渋谷川というドブ川（最近は整備され、かなりマシになっている）沿いにあって、たぶんそこでボウフラが発生していたのだろう、やたらと蚊が多かった。

そういえば、ボウフラなんてものも何年も目にしていない。かつては、玄関先に植木鉢なんかといっしょに「手水鉢《ちょうずばち》」を置いている家が多かった。あまり手入れをしていなかったのだろう、たまった水のなかをのぞくと三つにひとつはボウフラがフヨフヨとうごめいていたものだ。「キモチ悪〜い！」「『シーモンキー』みたい！」などと友だちと言いあいながら顔をしかめ、しかし翌日もまた「どうなったか見にいこうぜ！」なんて出向くと、一

●新ウナコーワクール
発売年：1968年（「新ウナコーワクール」は2002年）　価格：60ml 924円
問合せ：興和株式会社／03-3279-7755

クールな清涼感が特徴のかゆみ止め。1968年、「ウナコーワ」として発売。スプレー式の「ウナジェットコーワ」、クリームタイプの「ウナＳコーワ軟膏」など、さまざまなシリーズが展開された。現在もジェルタイプの「ウナコーワジェル」、携帯に便利な「プチウナコーワ」など、各種のバリエーションが販売されている。商品名は、発売時にはまだ多用されていた電報の用語に由来。当時、至急電報のことを「ウナ電」と呼んでいた。英語で至急を表す「urgent」を和文モールスで打つと、「ウ」と「ナ」になることからこう呼ばれたそうだ。効き目が「早い」ということから、この「ウナ」が商品名に用いられた

発売当初の「ウナコーワ」の外箱とボトル

興和といえば、「ケロちゃんとコロちゃん」。1949年の広告にカエルのイラストがはじめて登場し、58年に指人形が、63年には店頭人形がつくられた

匹もいない。あれだけのボウフラがすべて蚊になって飛んでいったかと思うとゾッとした。

それから、「蚊柱」にもよく出くわした。一度目をつけられると、群れが一団となってしつこく追いかけてくる。自分がやられると本当にイライラしたが、ほかの誰かが追いかけられているのを見るのはおもしろかった。「もうっ！」なんて叫びながらめちゃめちゃにパンチやキックを繰り出している姿は、相手がいないのにケンカしているみたいで、みんなと指をさして笑ったものだ。「蚊柱」の正体はユスリカ。蚊に似ているが、人を刺すことはないそうだ。頭の上をしつこく飛びまわるので「頭虫」とも呼ばれるらしい。

東京オリンピックの時代に徹底された衛生管理によって、東京のハエは激減したという。同じように、高度成長期以降の都市整備で都心の川が暗渠《あんきょ》化されたり、歩道からドブが消えたりして、蚊をはじめとして、小さな名もない夏の羽虫たちも数を減らしているのだろう。

現在、我が家には蚊を撃退する道具がなにひとつない。マンションの高層階にいるためか、家のなかで蚊を見かけることがほとんどなくなってしまった。害虫の減少はありがたいことだが、やはりほどほどには存在して、日本の夏を「ブ〜ン」という羽音で演出してほしい。「蚊取り線香」や「ベープ」までが、かつての「蚊帳」のように文化史のなかの遺品になってしまうのはサミシイと思う。

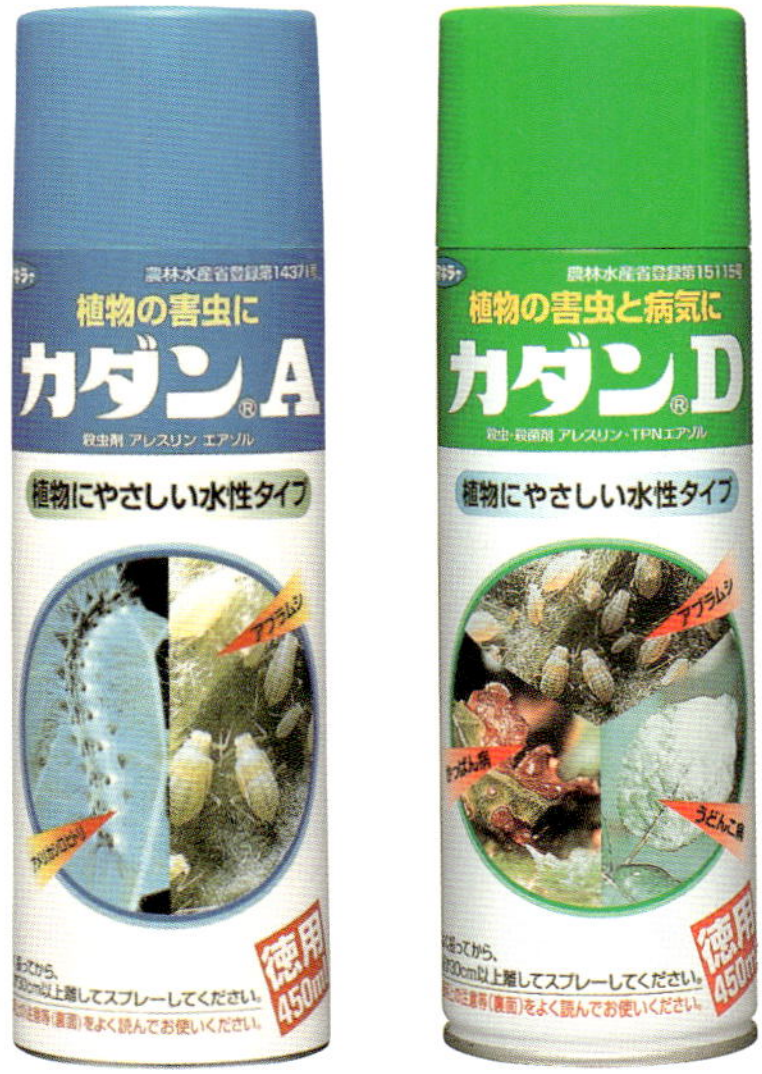

●カダン(左：カダンA450、右：カダンD450)
発売年：1967年(カダンDは1986年)
価格：A 450ml 750円、D 450ml 880円
問合せ：フマキラー株式会社／03-3255-6400

1972年の「カダンA」

園芸用の害虫駆除剤といえば、これ。特に我々世代には70年代から長らく放映されていた「♪カダン、カダン、カダン、お花を大切に」というテレビCMが印象的。当時のフォークグループ風の歌にさまざまな害虫の名前や植物の病気、症状などを歌いこんだユニークなものだった。「黒星病」などという言葉を覚えているのも、このCMのせい。「カダン」シリーズはすでに1958年にスタートしており、第1号商品は「カダン乳液」というものだったそうだ。現行品の「カダンA」は害虫駆除に、「カダンD」は害虫駆除と病気の予防にも効果を発揮

夏の虫　昆虫編——ムシムシ大行進

リアル「ムシキング」in昭和

数年前、「ムシキング」なる昆虫格闘ゲームが子どもたちの間で流行した。なにかが大ブームを起こせば誰かが横槍を入れるのは世の常で、「実在する昆虫をオモチャにするのはいかがなものか?」といった「識者」たちの「警告」が各メディアに掲載された。「子どもたちが自然をバーチャルなものとしか認識しなくなる」とか、「生きものをバトルの道具にすることは命の軽視につながる」とか。さらに「昭和の子どもたちは自然を肌で

感じながら育った」から「正常」だったとつづき、はては一時期によく話題になった子どもたちによる小動物の虐待などのニュースがひきあいに出され、「平成っ子たちは壊れている！」みたいなオドロオドロしい結論に達したりする。
　七〇年代の東京で子ども時代を過ごした者としては、「いや、ちょっと待ってよ」と思ってしまう。確かに高度成長期末期の東京には、今と比べれば多少の自然が残ってはいたかもしれない。が、それでもカブトムシなどの甲虫は基本的に田舎に遠征して捕獲してくるもの、もしくは現在と同じようにデパートなどで買うものだった。ぼくが育った商店街では各花屋さんが昆虫を売

っていて、子どものお小遣いではちょっと手が出ないほどに高額だった。カブトムシやクワガタのメスならなんとかなったが、オスとなると母親の機嫌のいいときにねだりたおすしかない。まして男子みんなの憧れだったミヤマクワガタのオスなど高嶺《ね》の花。「超合金」よりも高価（二〇〇〇～三〇〇〇円）だった。

また、ぼくの幼稚園時代、『ムシムシ大行進』（一九七二年放映）という人気のテレビ番組があった。これは昆虫たちの暮らしを撮影した実写のドキュメント映像に声優がセリフをアフレコして物語化したもので、特に子どもたちはカブトムシVSクワガタなどのバトルに夢中になった。昆虫の格闘の実写映像に「じゃまだ、どけ！」「なんだと？」みたいなセリフを入れて演出する摩訶不思議な内容だったが、これを見て我々世代は「ぼくもノコギリクワガタが一匹ほしいなぁ」なんて小遣いの算段をしていたのである。

つまり、当時の子どもたちにとっても甲虫類は「半バーチャル」なものだったし、昭和っ子たちの感覚でもカブトムシやクワガタは一種の〝オモチャ〟だったと思う。「識者」を怒らせてしまうかもしれないが、少なくとも小学校の低学年くらいまでは、自然や命の大切さを認識したうえで昆虫を飼う子どもなど皆無だったはずだ。その年ごろの男子が甲虫類に夢中になるのは、カブトムシやクワガタが「カッコイイ！」からで、そういう意味では、魅力的なデザインのロボットや怪獣のソフビと同じだった。

で、これは本当ならあんまり言いたくないのだが、友人同士が昆虫を持ちよると、必ずはじまったのがリアル「ムシキング」。つまり、本物の昆虫バトルである。どう考えてもバーチャル世界で遊ぶ平成っ子よりもタチが悪い。が、「僕のカブトとアイツのクワガタはどっちが強いか?」といったことは、この年ごろの昆虫好き男子たちの最大の関心事だった。当然、犠牲者というか、「犠牲虫」が続出する。我々はこうした残酷な遊びから命の大切さを学んだ……というのもまたキレイごとで、学びもしなかったと思う。ただ、後味の悪い結果に終わったときに不思議なうしろめたさを感じていただけだ。そのうちに、ある年ごろから、みんなぱったりとそういうことに興味を示さなくなる。

男子の憧れだったミヤマクワガタ

小さな子どもたちは、ときに驚くほど残虐な行為に走るもので、それはいつの世も変わらない。よく戦中派の昔話に「カエルのお尻にワラを刺して、プーッと息を吹き込むとパンッと破裂するんだよね」という腕白坊主のイタズラが語られるが、我々世代からすれば信じがたいスプラッターシーンである。こんな思い出が牧歌的に語られ、一方で「ムシキング」で遊ぶ平成っ子が「壊れてる」とされるのは、いくらなんでもフェアじゃないと思う。

七〇年代東京のムシ事情

高度成長期末期の東京にも多少の自然が残っていた、と先に書いたが、この「多少」がどの程度のものだったかを思いだしてみよう。

人に話すと驚かれるが、七〇年代後半くらいまで、ぼくが育った渋谷区恵比寿の街にもカブトムシが捕れるスポットが存在した。捕れるといっても、ひと夏に一匹くらい、「〇〇ちゃんが捕った」というウワサを耳にするレベルである。ぼく自身が地元で捕まえたのは生涯通じてたった一匹。小さなメスのカブトムシだった。

いくら当時とはいえ、渋谷に林や山があったわけではない。が、某生命保険会社の広大な敷地に、ほぼ手つかずの（というのは大げさかもしれないが）雑木林や草むらが残されていた。当時の大会社というのは本当に大きくて、街の一区画をまるごと所有して

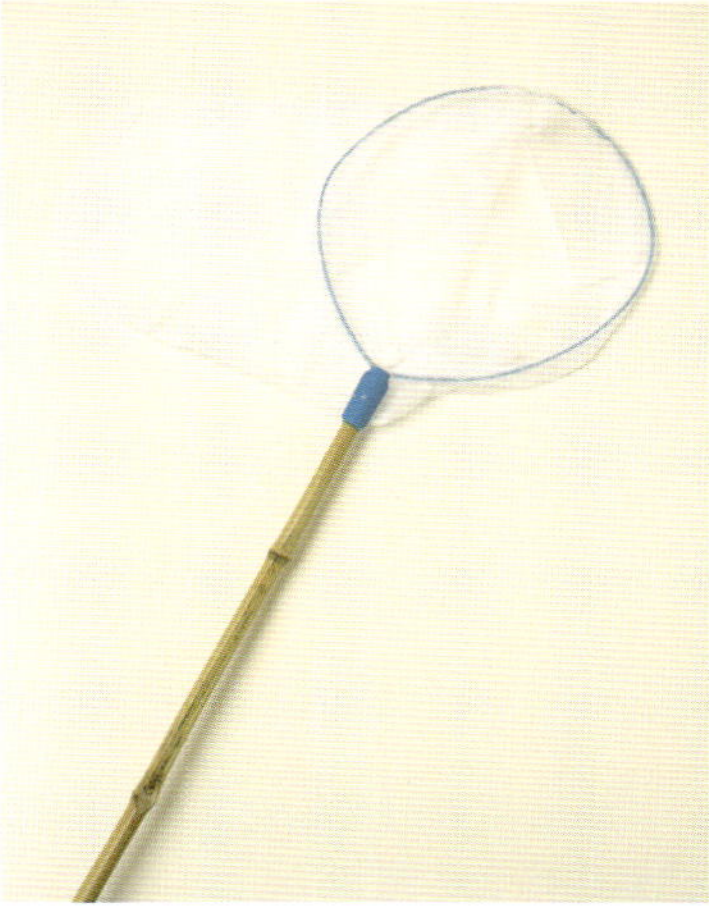

●虫捕り網(チャイルドむしあみII)
発売年:2002年　価格:オープン価格
問合せ:株式会社池田工業社/0745-82-0070

柄が竹でつくられている昔ながらの虫捕り網。製造元の池田工業社は1902年創業の老舗メーカーだ。当初は農機具の販売を行っていたが、1935年にブリキ製「蛍篭」(虫カゴ)の製造販売を開始し、以来、昆虫採集・飼育用品を数多く手がけるようになった。1960年ごろから柄が竹製の虫捕り網の製造をスタート。現在、多くの竹製虫捕り網は中国製となったが、この「チャイルドむしあみII」も、従来の国内製造品から中国製に変更された商品

こちらは「めだか網」(1980年。630円)。虫捕り網より網目が細かく、小さな小魚にも対応

いたりする。その生命保険会社の巨大な社屋の周囲にも、庭と呼ぶにはあまりにも大きな土地が広がっていて、おそらく広すぎて手入れもできなかったのだろう、うっそうとした林がいくつも点在していた。コンクリートだらけの外の風景とは、まさに別世界。起伏に富んだ土地だったので、ちょっとしたガケがあったり、今から考えると防空壕の残骸《がい》だったのかなとも思うが、土の斜面に大きな洞穴があったりして、近所の子どもたちには格好の遊び場だった。当然、夏には子どもたちが虫捕りに殺到する。

会社の敷地は立ち入り禁止である。が、誰もそんなことを気にしない。見まわりのオジサンや背広を着た社員に姿を見られれば、当然「こらっ！」と追いかけられるのだが、社屋から離れた場所なら大人に出くわすことはまれだった。出くわしたとしても、こちらは敷地内のスミからスミまでを熟知している。あちこちにある身をかくせるスポットにネズミのように逃げ込んだ。大人たちもヒマではないので、それほど深追いはしてこない。我々は虫捕りの楽しさと同時に、ほどよく追いかけてくる大人たちから逃れるスリルを堪能できた。

カブトやクワガタはめったに見かけなかったが、カナブンはいくらでも捕れた。帽子にくっつけて「動くバッジ」にしたり、これも虐待と言われそうだが、首の部分に糸を

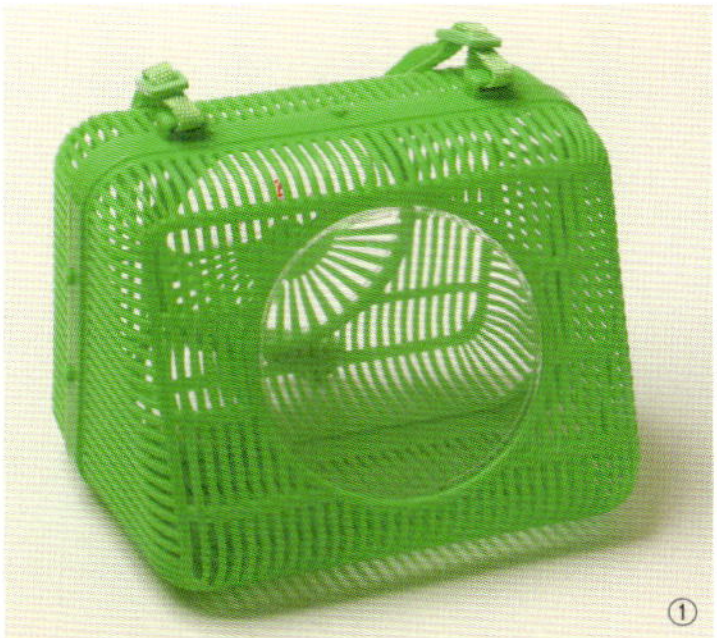
①

②

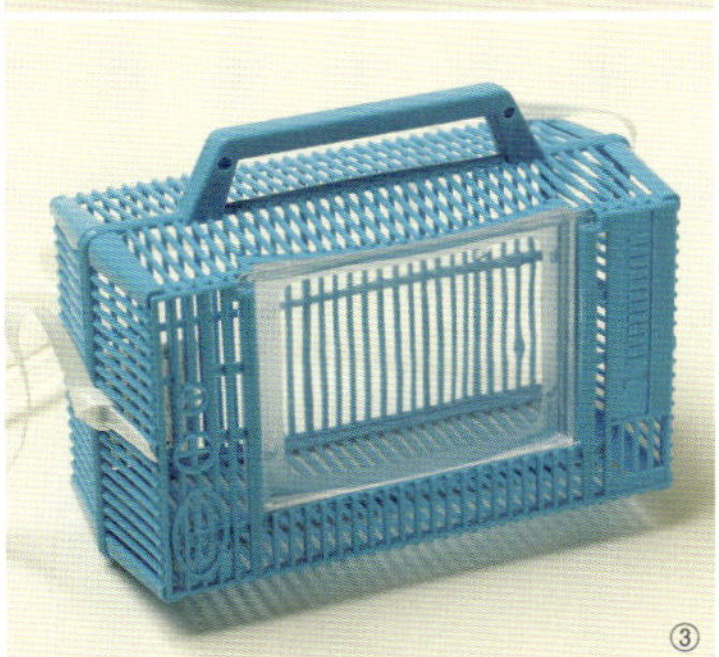
③

●虫カゴ（①モコL、②ロッキーⅡ、③テレビ型スタンダード）
発売年：①2004年、②1984年、③1988年
価格：①オープン価格、②682円、③189円
問合せ：株式会社池田工業社／0745-82-0070

池田工業社の虫カゴ各種。「モコL」（①）は昆虫ブームのさなかに発売された大型虫カゴ。「ロッキーⅡ」（②）は前面に昔風の金網を使用しており、昆虫が観察しやすくなっている。かつての虫カゴは金網が主流だったが、コストの問題などで現在は少なくなっているそうだ。「テレビ型スタンダード」（③）は、70年代に登場したテレビの形をした虫カゴの進化系。テレビ型虫カゴは当時ブームになっていたようで、ぼくの幼少期にも広く普及していた

くくりつけ、ラジコンの飛行機のようにブ～ンと飛ばして遊んだ。

ちょっと貴重だったのが、黒と白のマダラ模様のカミキリムシ。捕まえるとみんなが「おぉ～！」と賛嘆する程度にはレアだったが、ひと夏に三匹ほどは手に入れることができたと思う。キレイだし、スマートなフォルムがカッコよかった。枯れ葉を口のところに持っていくと、ハサミのような歯でジョキジョキと切りきざむのがおもしろい。

見つけるとちょっとした騒ぎになったのが、カブトムシの幼虫だ。木の根元のやわらかい土をシャベルで掘りかえすと、「モスラ」の幼虫を白くしたみたいな虫がいくつも出てくる。九割はカナブンの幼虫なのだが、ときどき巨大で黄色がかったヤツがいて、これがカブトの幼虫。ただ、カナブンの幼虫にも大きなのがいるので、なかなか見分けがつきにくい。カブトだと思って家に持ちかえり、飼育箱の腐葉土のなかで大切に育てていると、最終的には大きなカナブンが現れた、なんてことがよくあった。

確かに我々世代は、今の東京の子どもたちに比べれば、小さな生きものたちを身近に感じながら暮らしていたのだと思う。ほかの季節の生きものを考えてみても、たとえば春先になると決まって家の物干しなどにアゲハチョウ、モンシロチョウなどが訪れた。最近では都心でチョウが舞うなんてことは珍しいだろう。梅雨につきもののカタツムリな

カメラ型虫カゴ「小カメラ」(池田工業社)

1968年に発売され、シリーズ化された(現在は終売)。これ以後、70年代にかけて、カメラ型、もしくはテレビ型のデザインが子どもたちの人気を得ていく

ども久しく目にしない。長雨がつづく時期であれば、近所の家の庭先などで簡単にいくつも見つけることができたはずだ。また、あれほどたくさんいたミノムシはどこへ行ってしまったんだろう？冬の間は、そこらじゅうの木からぶら下がっていたものだ(現在、絶滅が危惧されているらしい)。

こういう話を聞くと、今の子どもたちは文字どおりの「昔話」を聞かされているような気分になると思う。カブトムシに夢中だったころ、隣町の目黒で育った母から「昔は電球の光に誘われたカブトムシがブ～ンと家のなかへ飛んできた」という話を聞いて、民話の世界のようなものを思い浮かべたことを覚えている。東京の自然は、年々、一世代前の思い出が「昔話」になってしまうほどのスピードで失われていることは確かなようだ。

「おじいちゃんち」で本格ハント

東京の子どもにとって、虫捕りの「本番」は、やはり夏休みの帰省時だ。

ぼくの家は代々東京だったので帰省の経験はないが、夏休みには毎年、郊外の「おじいちゃんち」に泊まりに行って、そこで本腰を入れたカブトムシハントにうつつを抜かした。郊外といっても同じ東京都の稲城市、「よみうりランド」のすぐそばである。八〇年代の初頭まで、あのあたりは遊園地とゴルフ場以外は「全部が山」みたいな自然豊かな土地だった。子ども時代に飼育してきた数十匹のカブトやクワガタのほとんどが、この土地で捕まえたものだったと思う。

「狩猟隊」のメンバーは、祖父とぼく、そして近所に住んでいた従兄弟の「サトシ君」、その妹の「ヨッコちゃん」だった。蚊に刺されないようにジーンズに長袖のシャツ。さらにその上から虫除けのスプレーをかける。手には虫捕り網、お尻のポケットには小さなシャベルを差し、肩にはもちろんプラスチック製の虫カゴを斜めにかけた万全装備。なにしろ本腰を入れたハントなので、夜明け前、まだ暗いうちから祖父の懐中電灯の光を頼りに出発する。普段は寝ぼすけのぼくも、このときばかりは四時前にパッチリ目を

1946年ごろに発売された商品。金属製本体にプラスチックの窓をつけた凝ったつくり。側面のイラストも美しい(現在は終売)

覚まし、出かける前から期待でワクワクしている。それはメンバーの「サトシ君」も同じなのだが、かわいそうなのは妹の「ヨッコちゃん」。女子である彼女はカブトムシなんぞに興味がない。ただ兄に「お前も来い!」といわれてシブシブ同行しているだけなのだ。当然、道々「眠い」「暗い」「怖い」「疲れた」とボヤくのだが、そのたびに厳しい兄から「うるさいっ!」とたしなめられていた。いい迷惑だったと思う。

真夏の夜明け前というのは独特な時間だ。星を残しながら色を薄めていく濃紺の空や、涼しさとなまあたたかさが混じったような風、蒸れたような土や芝生、木々の香りは、いまだに五感が覚えている。山へ分け入ると土の香りはさらに強くなって、やがて祖父が目をつけていたスポットに近づく。たいてい、クリかクヌギの木だった。木の表面を触ってベタベタしていれば収穫が期待できる。ハチミツのような樹液がたっぷり流れでている証拠だ。木の根元からてっぺんまで、懐中電灯の光を走らせて木の一本一本をていねいにチェックする。

いくら郊外でも、そう簡単に目当ての昆虫は見つからない。見つけたときの驚きと喜びは尋常じゃなかった。まして、カブトとクワガタが群れをなしている光景を目にしたりすると、文字どおり「我が目を疑う」みたいな気分になった。ぼくも「サトシ君」も、獲物を見つけると決まって「いた、いた、いた、いた！」と、なぜか早口のヒソヒソ声になって慌てた。「あそこ、あそこ！」「どこ、どこ？」「早く！　早く！」「網、網！」と、ヒソヒソ声であれこれ言いながら、あせりが先にたって捕獲作業はなかなかはかどらない。

うろたえてパニックになっている子どもたちを尻目に、たいていは祖父が捕まえて我々の虫カゴに入れてくれた。カブトムシたちは高いところにいることが多いので、祖父の手が届かないときには我々のどちらかが肩車されて捕獲にあたることもある。それでも届かない場合は、木の幹にキックを入れる。「せ〜の！」で思いっきり幹を蹴《け》ると、震動でカブトやクワガタがポタポタと落ちてくるのだ。いつも不思議だったのだが、カブト

金属製虫カゴ「家型」(池田工業社)

1946年ごろに発売された商品。本体はすべて金属製で、工芸品のようなデキ。一方に玄関、他方にガレージのある家のデザインも遊び心いっぱい(現在は終売)

ムシやクワガタの羽は、なんのためについているのか、ということ。カナブンなどは、落下の際にちゃんと飛んで逃げる。カブトとクワガタはまるっきりダメで、地面に落ちてひっくりかえってから、慌てて羽を出してもがいたりしていた。もう少し普段から飛翔の訓練をしておけば、こんなガキどもにあっさり捕まることはないのに。

収穫を持ち帰るころ、ようやく青空に夏の太陽が昇る。帰宅後は、満足感を噛みしめながら祖母がつくってくれた朝ごはんを食べた。これだけ遊んで、カブトムシもいっぱい獲って、でもまだ朝の七時かそこら。今日一日ははじまったばかりで、まだまだたっぷり遊ぶ時間が残っている。「夏休みっていいなぁ!」を心から実感する瞬間だ。

●コラム――昆虫採集セット

現在、我々世代が親しんだ形の子ども用「昆虫採集セット」は、いっさい市場に出まわっていない。すでに七〇年代からＰＴＡなどに問題視されていたようで、おそくとも八〇年代以降、複数あったメーカーはすべて製造を中止している。なにが問題だったのかは言うまでもない。セットには本物の注射器、そして、いわゆる生きものを殺すための「毒薬」が含まれていたからだ。知らない世代は「えーっ！」と思うかもしれないが、当時はどこの駄菓子屋さん、文房具屋さんにも必ず売られていたポピュラーな「教育玩具」だった。

ただ、商品としてはかなりいい加減。セットの基本は、先述したとおり注射器と「殺虫液」、そして「防腐液」。しかし多くの場合、説明書の添付もなく、ふたつのボトルのどちらにどの薬品が入っているかの表示もなかった。子どもたちの間に「赤いボトルが『毒薬』、緑が『防腐液』」という「言いつたえ」があって、それに頼るしかなかったのである。

今にして思えば、よくもまぁ、こんなものが普通に売られていたものだ、と思う。が、「昆虫採集セット」には、なんとも言いがたい怪しい魅力が確かにあった。あの赤い「毒薬」ボトルを開けたときの、ちょと鼻にツンとくる「禁断の香り」は今も覚えている。

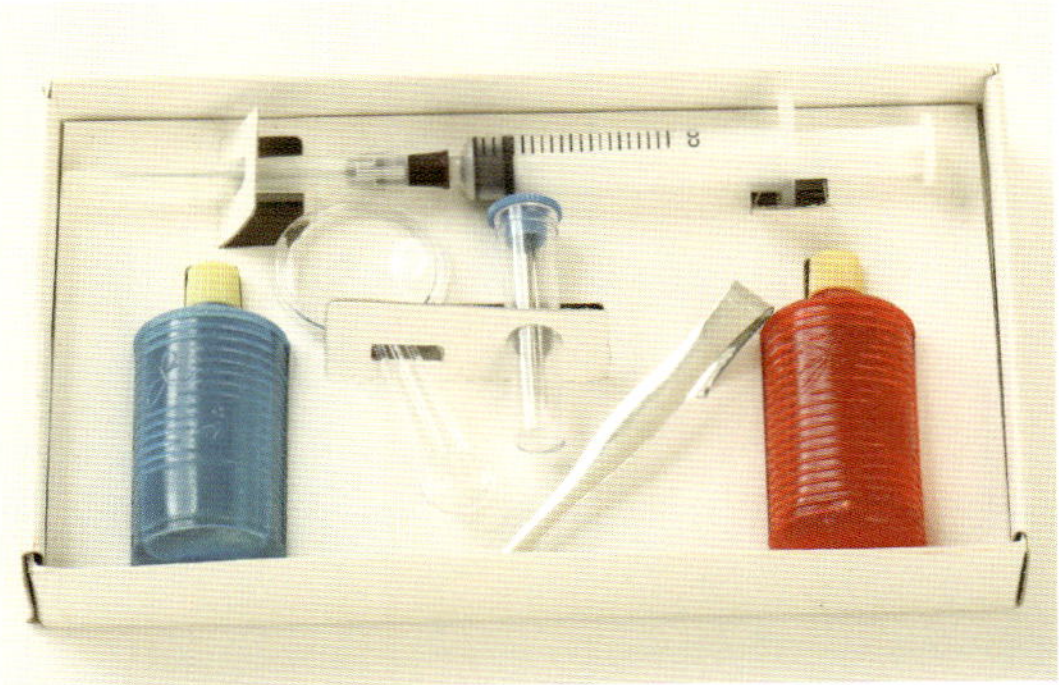

●昆虫採集セット（終売）
発売年：不明　価格：不明
問合せ：不明

複数のメーカーがつくっていたが、ぼくが近所の文具店で買ったのはこれ。マニュアルが添付されないのはこの種の商品の常識だが、驚くべきことに、箱のどこを見ても製造元表示がいっさいない！　薬品の成分も不明。一説によると、多くの場合、「殺虫液」にエタノール水溶液、「防腐液」にホルマリン水溶液が使用されていたそうだが、どちらのボトルにもアルコール水溶液を入れて、ただ塗料で液体の色を変えていただけという商品も多かったらしい

海水浴——八月の濡れた砂

町内会の海水浴

小学生時代は、海で泳がなかった夏は一度もなかったと思う。家族旅行で行く場合も多かったが、それとは別に、いかにも「昭和の夏休み」らしい思い出として記憶に残っているのが、毎年、町内会で主催していた海水浴だ。近所の子どもたち、その親、さらにはおじいちゃん、おばあちゃんたちまでひとつの貸し切りバスに乗り込んで、都心からそれほど遠くない神奈川や千葉の海に向かう。家族の旅行とも学校の遠足とも違う独

特の風情があった。
　老若男女ごちゃ混ぜで詰め込まれたバスの車内は、遠足バスとは別種のザワザワで満たされる。ある意味で、子どもらだけの乗客よりもタチが悪い。大変なのはバスガイドのお姉さんだ。遠足バスなら先生という統率者がいるので、あれこれ問題が起こっても迅速に処理される。町内会の貸し切りバスの場合、子どもが騒いだら同伴する保護者たちが統率するはずなのだが、この大人たちがあまりあてにならない。商店街のおじさんたちのなかにはすでに酔っ払ってる人がいたりして、ガイドさんがなにか説明するたびにおかしな合いの手を入れたりする。お年寄りは妙なタイミングで「トイ

レに行きたい」と言いだすし、子どもは子どもで「気持ち悪い！」「暑い！」「お腹空いた！」などとあちこちで叫び、ひっきりなしにガイドさんを困らせた。

小学校にあがったばかりのころ、町内会で三保の松原に行った。やはりガイドさんは頻発するトラブルの処理に追いまくられ、さらにはおじさんたちのムチャなリクエストに応じて歌を歌わされたりしていた。それでも職務をまっとうしようとして、はやし声やヤジが飛びかうなか、「これから向かう三保の松原には、こんな伝説があります」と「天女の羽衣伝説」を語りだした。天女が性格の悪い変なオヤジに羽衣を奪われて、「返してやるから踊れ」とかなんとか、さんざんイジワルされる民話だ。話が終わると、おじさんたちは聞いてもいなかったくせに、「よっ！　名人っ！」などと場違いな拍手をしてはやしたてる。「あのバスガイドさん、まるで自分のことを昔話に置きかえて語っているみたいだ」と思ったら、急にものすごくかわいそうになって、目がジワジワしてきたのを覚えている。あの無礼講みたいな町内会旅行特有の雰囲気、思いだせば懐かしいのだが、好きか嫌いかといえば、やっぱり大嫌いだった。

かつては、東京の多くの商店街が、こういう地域ぐるみのレジャーイベントを実施していた。海までの道々、「トイレ休憩」で高速のパーキングエリアなどに寄ると、広い駐

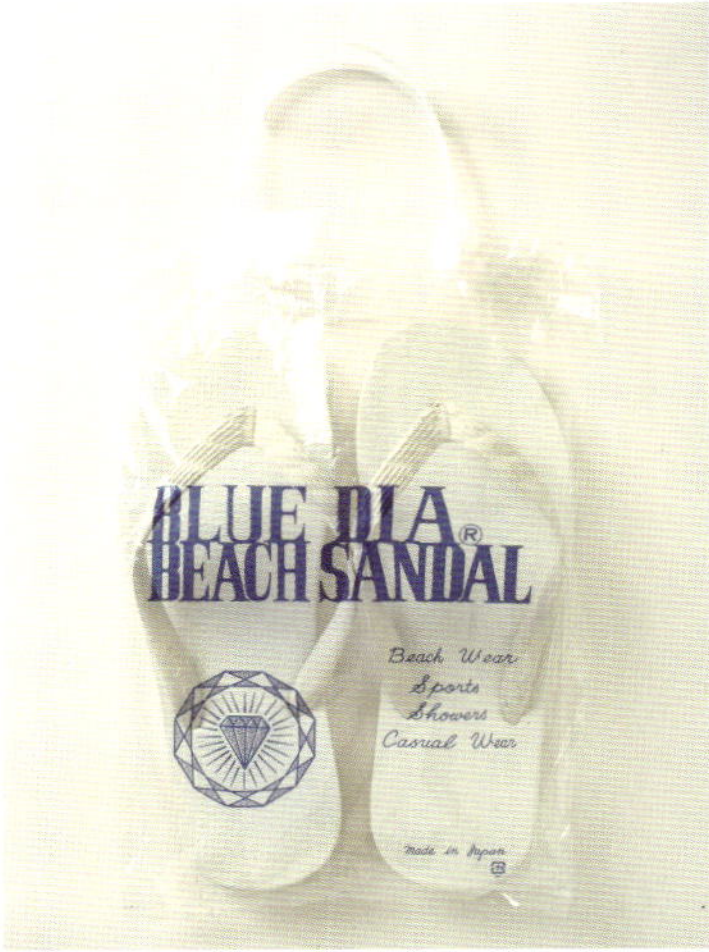

●ブルーダイヤ ビーチサンダル
発売年：1854年　価格：各1000円
問合せ：内外ゴム株式会社／078-360-1363

この「ブルーダイヤ」ブランドこそ、ビーチサンダル（ぼくの子ども時代は「ゴムぞうり」と呼んだが）の元祖。世界初のビーサンなのである。アメリカのデザイナー、レイ・パスチン氏が日本に来たおり、ぞうりにヒントを得て考案。内外ゴムに製造を依頼し、商品化を実現した。当時、鼻緒に不慣れだったアメリカでは普及に時間がかかったものの、その機能性と、パテントを取得している特殊なゴムの耐久性がサーファーたちに絶賛されるようになった。当時からデザインも不変。長らく輸出専門の商品だったが、80年ごろから国内でも普及した

車場にところせましと貸し切りバスが並んでいて、そのフロントガラスに「○○町内会ご一行様」とか「○○商店街ご一行様」と表示されていたものだ。地方はともかく、昨今の東京では、こうした町内会や商店街の「団体さん」はあまり目にしなくなった。高度成長期のレジャーブームならではの傾向だったのだろうし、そもそも、今では都内の多くの商店街が壊滅寸前だ。あれだけ元気だったぼくの地元商店街も、今では見る影もない。

ブイまで泳ぐ

海で泳いだ一番古い思い出は、たぶん幼稚園にあがる前の家族旅行の記憶だと思う。水着姿の父に抱かれたまま、波打ち際にいた。うちよせる波が怖い。父は「大丈夫、大丈夫」とぼくを波間に降ろそうとするが、そのたびに泣いて父の腕にしがみついた。結局、そのときはひとりで海に入ることができなくて、それがすごく悔しかったのを覚えている。海が怖かったという記憶はそのとき一度きりで、どんなふうに慣れたのかは覚えていないが、幼稚園に入ったころには、浮き輪につかまってプカプカと波間を漂うこ

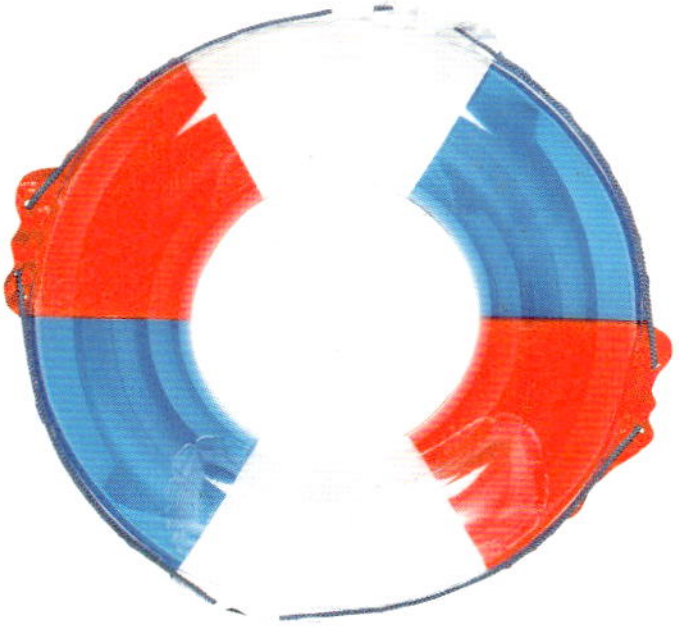

●浮き輪（トリコウキワBR）
発売年：1970年代　価格：2100円
問合せ：株式会社イガラシ／03-3853-2421

古典的なトリコロールカラーのシンプルな浮き輪。昨今は浮き輪の形状もさまざま。同社でもカブトムシ型、テントウムシ型、クマノミ型などを販売しているが、この3色デザインの浮き輪が一番「絵になる」感じがする。ほかに、赤の代わりに黄色をあしらった「トリコウキワBY」、赤白緑のイタリア国旗をデザインした「ナポリ」などがある

とが大好きになっていた。

町内会の海水浴では、いつもいっしょだった友人たちと、その場でさまざまな遊びを考えて楽しんだ。友人にポーンと浮き輪を投げてもらって、すぐに泳いで追跡し、距離を見はからって潜水する。そのまま上手に浮き輪の穴から顔を出す「浮き輪くぐり」、ゴムボートに立って乗る「サーフィン」、「水中鬼ごっこ」や「水中肩車」、水のなかで逆立ちして足だけを出す「犬神家の一族」なんてのもよくやった（一九七六年公開の映画『犬神家の一族』に、そういう状態の水死体が登場する）。いっしょに来ている父など、周囲の大人たちにいきなり後ろから飛びついてひっくり返す、なんてい

●ミニシャチフロート
発売年：1991年　価格：2415円
問合せ：株式会社イガラシ／03-3853-2421

昔から定番のシャチ型フロート。現在はカブトムシやクワガタなど、昆虫フロートが子どもたちに人気を呼んでいるようで、新たなスタンダードになりつつあるらしい。イガラシでも、実在する外国のクワガタなどをかなりリアルに再現した商品を販売している。が、我々世代にはやはりシャチ、イルカ、ワニあたりがフロートの王道。同タイプのシャチフロートでブルーのタイプもあり

う悪質な遊びも楽しかった。

泳げるようになってからも、小学校の低学年の間は「足のつかないところ」には近づかなかったと思う。これは友人たちも同じだった。学校のプールでも、一番はじのほうにある深いところには、みんな多少の恐怖を感じていた。あるエリアから向こうは、水が暗い色をしているように見えた。

沖に出られるようになったのは、小学校も卒業間近になってからだろう。このころになると、みんなが「ブイまで泳ぐ」という一種の度胸試しをやりたがる。つまり、遊泳海域の限界まで泳いでいくわけだ。これはけっこうスリリングだった。今思えば大した距離ではないのだが、海域の中央あ

●5インチポンプ
発売年：1970年代　価格：588円
問合せ：株式会社イガラシ／03-3853-2421

ビーチの「ふくらましもの」には欠かせない足踏みポンプ。昔から変わらぬ形状が懐かしい。現在、同社では電池で駆動する電動ポンプや自転車の空気入れのような形状のものなど、より高機能なタイプを多数販売している。が、やはり海水浴場では、これを足で踏んでシュポシュポやりたい。子ども時代、この種のポンプを単品で購入したことはなく、大型フロートなどを買うとおまけのような形で付属していたと思う。家に同じものがいくつもあった記憶がある

たりを泳いでいるときに、ふと「ここらへんって、どのくらい深いんだろう？」なんてことを考えてしまうと、急に怖くなる。眼下は真っ暗で底が見えない。怖くなると慌てるので、泳ぎも乱れる。前からは次々と波が押し寄せるし、なんだか自分がさっきから少しも進んでいないような気になってくる。すでに岸からはだいぶ離れているので、引きかえすこともできない。さらにまずいことに、テレビで見た『ジョーズ』なんぞを思いだしてしまい、足元の暗い海底になにかが潜んでいるかもしれない、なんてことまで考えてしまう。

恐怖の分だけ、ブイにたどりついたときの達成感は大きかった。海水浴場というの

は、どんなに混雑していても、騒がしいのは波打ち際だけで、沖まで泳いでくる人は少ない。海原にプカプカ浮かぶブイにしがみつき、波の音だけを聞きながら、はるか遠くの岸にいる人たちを眺めた。「みんな、あんなに浅いところにいるね」なんて友人たちと言いあって、優越感にひたる。振りむけば、視界のはしからはしまで、ただ水平線が広がっているだけ。「海って本当に広いんだなぁ」なんてあたりまえのことを話しながら、この向こうにまた別の国があるということを考えて、不思議な気分になったりした。

スイカ割り

ぼくの子ども時代、スイカ割りは海水浴場につきものの遊びだった。砂浜を歩いていると、グシャグシャに砕けたスイカの残骸《がい》をいくつも目にしたものだ。町内会の海水浴でも、小学校の臨海学校でも、必ずスイカ割り大会が催された。

考えてみれば変な遊びである。京都の神社で行われる恋占いが起源だという説があるらしい。目隠しをした人が「恋占いの石」を目指して歩き、無事に石までたどりつくことができれば恋が成就する、という占いが変化したものだという。こんな雅《みやび》な遊びが、

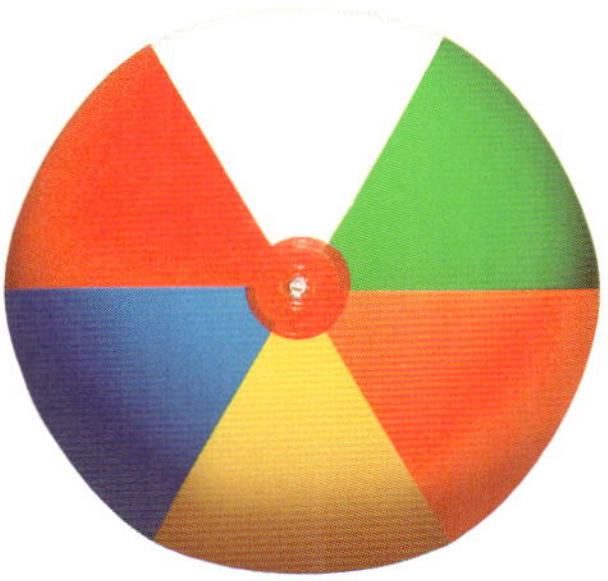

古典的な「スイカボール」（上）と、いかにも「ビーチボール！」というデザインの「6色無地ボール40cm」（下）。「6色無地」のほうはクラシックな見た目からウインドウディスプレイなどの装飾用品として使われることも多いそうだ。ビーチボールはシンプルな商品だけに、あまり我々の時代と大きく変わっていないが、当時存在しなかったサッカーボールのデザインなどが定番化している

●ビーチボール（上：スイカボール、下：6色無地ボール 40cm）
発売年：1970年代　価格：スイカボール473円、6色無地 40cm 368円
問合せ：株式会社イガラシ／03-3853-2421

どうしてスイカをたたき割る行為にアレンジされたのだろう?

　ぼくはスイカ割りが得意だった。ちょっとしたコツがあって、まず、目隠しされる前にちゃんとスイカの真向かいに立って、その方向を意識する。頭の中で、その方向に印をつけるような感じ。そのまま目を閉じる。この状態だと、目隠しされても方向の意識がちゃんと頭のなかに残る。ぐるぐる回されるときも、回転のたびにスイカの位置を意識すると、方向の感覚は不思議と消えないのである。一番大事なのは、「もっと右!」「左、左!」という周囲の声を、いっさい聞かないこと。ぼくの友人たちの間では、スイカ割りの際にわざとメチャメチャな指示を出す、という風習があったのだ。自分の感覚だけを信じて前進し、「ここ!」と思うところで思いきり棒をふりおろす。これでたいてい、バシッ!という気持ちのよい手ごたえが得られる。

　スイカ割りがゲームとして変なのは、最初に割った人が勝ちとなって終了するわけではなく、その後も「割れたスイカをさらに割る」という、よくわからない形でゲームがつづいていくことである。正式なルールがどうなっているのか知らないが、ぼくが経験したスイカ割りでは、毎回、とにかく子どもたち全員に順番をまわす必要があったようで、終わるころにはスイカはグシャグシャになった。最後にこれをみんなで食べるのかというと、そういうわけでもない。というより、スイカは砂まみれの破片になっているので、とても食べられる状態ではない。ちゃんとカットした新しいスイカが別に用意されていて、係の人がゲーム終了を見はからってみんなに配るのである。

ルールも目的も、あるような、ないような感じで、やるたびに「なにをどうしたいんだ？」と考えた人に問いただしたい気分になった。

日焼けの時代

紫外線の危険性が語られるようになって以降、夏になっても真っ黒に日焼けした子どもたちを目にすることは少なくなった。

我々の時代、夏休みの子どもたちはまさに紫外線浴びっぱなし状態。プール教室に通っているだけでもすぐに小麦色になったし、「海に行ってきた」なんて子は、ひときわ真っ黒になった腕をみんなに見せびらかしていた。夏の日焼けは元気な証拠。大人たちの「まぁ、真っ黒になったわね」はホメ言葉だったし、先生たちも太陽を浴びることを奨励していて、プールの休憩中に「こうら干し」の時間をつくったりしていた。

おもしろかったのは、夏休みも終わりに近づくころの登校日。久しぶりにみんなが教室に集まると、男の子も女の子も、みんな見違えてしまうほど真っ黒けになっている。男の子たちは普段より精悍《かん》に見えたし、見慣れた女の子たちの顔も、なぜか別人のように大人っぽく見えた。鼻の頭の皮がベロベロになっている子もいたりして、お互いに指を指して笑いあう。日焼けしていない子が、なんだか肩身を狭そうにしていたのを覚えている。

今では、こういう光景もなくなったのだろう。平成っ子たちの多くは、子どもながらに「UVカット」の重要性は意識しているようで、海やプールで遊ぶときには日焼け止めを欠かさないそうだ。黒さを競っていたぼくらとは大違いである。たった二十数年で、人々の価値観がこうも大きく変わってしまうことに驚いてしまうが、なんの疑いもなく夏の太陽を全身で感じながら走りまわることができた日々を思うと、「ま、あれはあれでよかったかなぁ」という気もする。

ただ、「昔の子どもは真っ黒だった」といっても、実は「日焼け奨励」は一九六〇年前後からはじまった傾向なのだそうだ。ものの本によれば、それ以前の日本人、特に女性は現在と同じように日焼け防止を心がけていたらしい。高度成長期に「小麦色の肌＝健康的」という価値観が欧米から「輸入」され、若者たちを中心に、わざわざ肌を焼く人

「資生堂サンオイル」。1961年に発売され、1965年にリニューアル。写真の黄色いボトルとなった

が増えたのだとか。つまり、ぼくら世代の子ども時代は、ちょうどこの三〇年間ほどの「日焼けの時代」にスッポリとはまっていたわけである。

日焼けといえば、「資生堂サンオイル」を思い出す。太陽のマークがついた黄色いプラスチックのボトルに入っていた定番のサンオイルだ。七〇年代までは、サンオイルはあれしかなかったのだろうかと思うほど普及していて、海辺の売店などでも必ず売っていたし、砂浜にやたらと空ボトルが落ちていた。誰もが塗っていたので、海の家には独特のオイルの香りがたちこめていたものだ。あのちょっとムワッとくる柑橘系の匂いは、海水浴場とプールサイド特有の香りだった。

お中元――♪夏の元気なご挨拶

お中元今昔

昨今はお中元やお歳暮シーズンになっても、世間があまり騒がしくならない。もちろん顔の広い家庭などは相変わらず大変なのだろうが、多くの場合、長びく不景気の影響もあって、おつきあい上の儀礼は昔に比べて簡略化されているのだと思う。会社間の贈答なども、「今年は社の方針でお中元は廃止」というケースが増えていると聞く。

その昔は、お中元シーズンになるとなんだか周囲がワサワサしはじめた。渋谷などの繁華街に出かけるといつもより人出が多く、立ち並ぶデパートの壁面には「お中元大売出し！」といった垂れ幕がいくつもさがっていた。テレビCMの多くもお中元シーズンの特別仕様になって、この章の見出しに使った「♪夏ぅ〜の元気なご挨拶ぅ〜」の「日清サラダ油セット」をはじめ、いかにも夏らしいCMが増えた。子どもにはそもそもお中元の意味も目的もわからないのだが、こういう周囲のワサワサになんとなく夏を感じたりもしていたのである。『サザエさん』では、今も毎年のようにデパートの「お中元商戦」がネタにされている。「マスオさん」がお中元の買い出しにつきあわされてクタクタになる、というのがいつものオチだが、最近ではデパートの弱体化もあって、「お中元商戦」の激しさもかつてのようではないらしい。

筆者の幼少時、お中元シーズンのデパートは本当に『サザエさん』で描かれているとおりの野戦病院みたいな状態で、これにつきあわされるのが大っ嫌いだった。

当時は、シーズンになると各デパートが「お中元コーナー」として急づくりの巨大な棚を設置して、そこにお中元の見本をうずたかく積みあげる。それを殺到した群衆がとりまいて、口々にあーでもない、こーでもないと言いながら押しあいへしあいしていた。ガヤガヤとした頭の痛くなるような喧騒のなか、なんだかみんながイライラしているように見えたし、あちこちから子どもの泣く声が響いていた。どういうシステムになっていたのか、フロアの周囲にカウンターのようなものがあって、購入者はそこでなにか書類に記入する決まりになっていたようだ。希望商品を書くのか、送り先の住所を書くのか、そういう手続きがあったのだろう。この筆記カウンターにも群集が殺到していて、いつまでたっても親の順番がまわってこない。やっとまわってきたと思ったら、今度は書類を前に父と母が「あの人にはあれを贈るでしょ？　この人にはこれでしょ？」となにやら相談をはじめ、この話がいつまでたっても終わらない。子どもとしては「全部『カルピス』でいいじゃないか！」と思うのだが、去年とダブっちゃいけないとか、いろいろ事情があるらしい。しびれをきらして「もう！　早く、早く！」なんて母の服をひっぱると、むこうもかなりイライラしていて、「待ってなさいッ！」などと怒鳴られてしまう。

幻の「グレープカルピス」

ぼくの育った恵比寿はカルピス本社のお膝元で、だからというわけでもないと思うが、大小の「カルピス」のギフトセットがあちこちから舞い込んできた。もっとも多いのが普通の白い「カルピス」数本と、それよりちょっと少ない本数の「オレンジカルピス」のセット。当時、「カルピス」は今のようにいろいろなフレーバーがあったわけではなく、基本は白とオレンジ。だが、七〇年代のある年、お中元シーズンのCMで、最後にパッと映るギフトセットの映像のなかに、見たことのない紫の水玉ボトルが加わっているのを発見した。「グレープカルピス」というらしい。新商品なのか、前からあったのかはわからないが、とにかく未知の「カルピス」だった。子どものころからこういうことに過剰反応するタイプだったので、それ以来、家に届く「カルピス」のお中元をかたっぱしから開封し、「グレープ」が混じっていないかを確かめた。しかし、ないのである。親に言っても「紫の『カルピス』なんてないわよ」と相手にしてくれない。CMで見たと主張しても「見間違いよ」と言われてしまう。今のようにネットで商品のラインナップを調べるわけにもいかず、だんだん自分でも「見間違い」のような気がしてきた。

どっちにしても大人にはどうでもいいことなのだが、祖母だけが「見たんだったら、きっとあるんでしょう」と信じてくれた。ぼくがあんまり騒ぐので、「いっしょに買いにいきましょう」ということになって、炎天下、祖母とふたりで酒屋さんやスーパーなど、恵比寿中のお店を歩きまわった。隣町まで足を延ばしても見つからない。それどころか、どこのお店でも「グレープ

味の『カルピス』なんて知りません」と言われてしまい、存在の証拠すらつかめなかった。いよいよ「本当に見間違えだったんだ」とあきらめたが、祖母は機嫌もそこねずに最後までつきあってくれて、「おかしいわね」と言っただけだった。

クタクタになって帰宅した後は、もう紫の「カルピス」のことなどどうでもよくなって、それよりも、バカな勘違いのせいで祖母を暑いさなかに何時間も歩きまわらせてしまったことをひとり後悔した。その後悔している最中に、母から「おばあちゃんをこんなにひっぱりまわして、ダメじゃないの！」と頭ごなしに怒られた。

「グレープカルピス」が近所の店に並ぶようになったのは、それからだいぶ後のことだったと思う。ぼくにとってまさに「幻」だった薄紫色の「カルピス」をはじめて飲んだときは、「やっぱり本当にあったんだ！」といううれしさよりも、なんだか悲しいような、悔しいような、複雑な想いで胸がいっぱいになった。味はまったく覚えていない。

●カルピス（ギフトセットCM20）
（「カルピス」450ml × 3、「カルピス北海道」450ml × 1）
発売年：1919年　価格：2100円
問合せ：カルピス株式会社／0120-378090

カルピス社創業者・三島海雲氏が内モンゴルを訪れた際、現地で愛飲されていた「酸乳」をヒントに考案。1919年、現在のカルピスの前身であるラクトー社から発売された。商品名はサンスクリット語で「熟酥《じゅくそ》」（乳を精製して得られる美味なもの）を意味する「サルビス」と「カルシウム」を組み合わせたもの。1922年におなじみの水玉模様がビンの包装紙に採用された。発売日が七夕だったことにちなみ、天の川をイメージしたのだそうだ。「初恋の味」というコピーはこのころからのもの。当初は青地に白の水玉だった。1953年、現在の白地に青の水玉となる

1981年のギフトセット。当時
2500円で販売された商品
※現在、ビン容器の販売はギフトセットのみ

「資生堂ホネケーキ」の誘惑

両親が廊下に積みあげておく未開封のお中元を、「これ、開けてもいい？」と開けさせてもらう。この作業はなかなかおもしろかった。包みを解く前にあれこれと中身を予想する。子どもにとっては、お菓子類、ジュース類は「アタリ」、サラダ油やビール、洗剤などはすべて「ハズレ」ということになる。

平たい箱でやけに軽い。これはたいてい「タオルセット」。子ども的には「なーんだ」という気分になってしまう。同じく平たい箱で、ちょっと大きめ、重さも少しある。これも「なーんだ」で、たいていは夏がけやタオルケットなどの「寝具セット」。小さめでずっしり重いのは「そうめんセット」。包みの上からコンコンと叩いて、どうやら中身は缶だということがわかると、チョコレートやクッキーの詰め合わせの可能性が高まる。しかし、開けてみたら海苔だったということも多い。包みに鼻をくっつけて、香水のようないい香りがすれば、中身は必ず石鹸だ。これも子どもとしては「ハズレ」なのだが、ほのかに花のような香りが漂う贈りものは、いかにもお中元らしい。

幼少期にお中元にいただいた石鹸のなかで、妙に印象に残っているのが「資生堂ホネ

●資生堂ホネケーキ
(左：クリスタルパープル、中央：ルビーレッド　右：エメラルド)
発売年：1956年　価格：クリスタルパープル735円、エメラルド525円、
ルビーレッド400円
問合せ：株式会社資生堂お客さま窓口／0120-81-4710

1956年に「資生堂蜂蜜洗顔」の名で発売。その後「ホネケーキ」と改称された。「ホネ」は「Honey」のこと。宝石のように透きとおっていることから、「透明石鹸」「べっ甲石鹸」などとも呼ばれたそうだ。発売以来、色やデザインを変えながら現在に至るが、なかでも1956年に発売されたボール型の商品が有名。「まァーるくしたのがアイデアです」のコピーとともに売り出され、斬新でオシャレな外観が話題を呼んだ。資生堂の口紅が200円の時代、「ホネケーキ」は300円。高級洗顔石鹸として、贈答品として用いられることが多かった

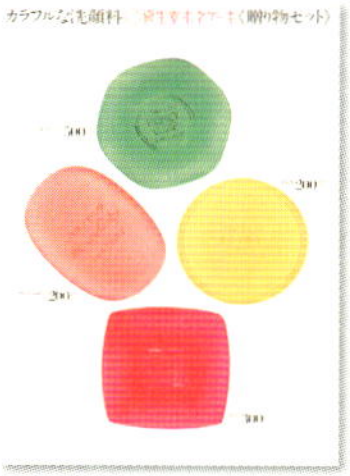

1967〜68年ごろのポスター。現在でも十分に通用するポップなデザインだ

ケーキ」だ。贈答品でしかお目にかかれない超高級石鹸で、その石鹸とは思えない摩訶不思議なデザインは、子どもの好奇心も刺激した。色は赤や緑、あるいはハチミツ色で、宝石のように透きとおっている。オモチャのようにも見えるし、「ホネケーキ」という名前の連想から、キャンディーのような甘いお菓子のようにも思える。通常の石鹸とはまったく違う香りも印象的だった。

いかにも子どもが手を出したくなるような商品だが、なにしろ超高級石鹸である。家では母だけが使うことになっていて、しかも顔にしか使わない決まりになっていた。ケースに入ったまま風呂場に置いてあったが、「これは化粧品なんだから使っちゃダメよ」ときつく言いわたされていた。「使っちゃダメよ」と言うから使っちゃうわけで、お風呂に入るたびにオモチャにして、クンクンと匂いをかいでみたり、ペタペタ叩いてみたり、表面を爪で引っかいてみたり、しまいにはそれで全身を洗ってみたりした。あまりに減りが早いのですぐにバレて、それから母は「ホネケーキ」を鏡台の引き出しにしまうようになった。

●花王ホワイト
発売年：1970年
価格：1個売りオープン価格、ギフトセット85g15個入り1575円
問合せ：花王株式会社／03-5630-5030

1970年、「花王石鹸ホワイト」の名で発売。1890年から続く「花王石鹸」の新ブランドとして登場した。当時、石鹸は製品ごとに品質のバラつきが見られたが、高純度の原料を用い、独自開発の新製法で品質の安定化に成功。それまでになかった真っ白な石鹸が完成した。おなじみの「♪クリームみたいな石鹸」というキャッチコピーは発売当時からのもの。1970年当時、石鹸市場の約5割が贈答用に用いられており、「ホワイト」も贈答用高級石鹸として開発された。「押入れにしまい込まれて、大切にひとつずつ使われても最初と最後で品質に変わりがないこと」を目指したのだそうだ

過去のギフトセット

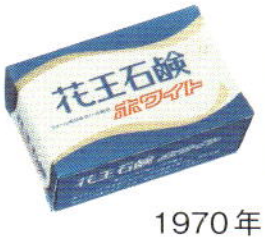

1970年

1989年

1991年

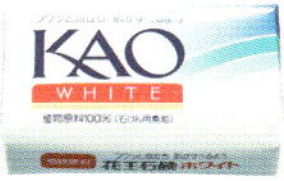

1993年

1995年

パッケージの変遷。数年ごとに変化しているが、白、青、ゴールドの基調カラーは変わっていない

榮太樓の「あんみつ」「みつ豆」。これも夏らしいお中元。「♪は〜い、榮太樓です」の涼しげなCMも印象的

贈答に多用された「榮太樓飴」。「梅ぼ志飴」「黒飴」のほか、「抹茶飴」のセットもあった

「アタリ」のお中元あれこれ

「ちゃんとしたもの」は子どもを魅了しない。高級品には子どもをはなから相手にしていないようなところがあって、たとえば「牛肉のしぐれ煮」や「ふぐの味噌漬け」など、大人は「うわぁ」と声をあげたが、少しもうれしくなかった。「カール」を一〇袋もらうほうがよっぽどいいのだが、そもそも「ちゃんとしたもの」を贈って礼を尽くすのがお中元の目的なので、子どもが普段から親しんでいるような商品はいっさい届かない。

それでもお菓子類は、やはり「アタリ」扱いされる。当時の東京における定番は、浮き輪型クッキーが魅力的だった「泉屋のクッキー」、ヨックモックの葉巻型の焼き菓子「シガール」、カラフルでいろいろなバリエーションがミックスされた「メリーチョコレート」詰め合わせ、「梅ぼ志飴」と「黒飴」がセットになった「榮太樓飴」、江戸一の「ピーセン」などなど。

浮き輪マークが目印の「泉屋のクッキー」。東京では定番中の定番

「メリーチョコレート」詰め合わせ。缶が捨てられないお中元の代表だ

考えてみれば、相手が好むか好まないかもわからないものを、かなりいい加減な勘で選んで送りあうのが、お中元やお歳暮という習慣である。どちらにとっても迷惑だったりすることも多い。そのために人々が群れをなしてデパートに殺到し、大騒ぎしていたのだから、確かにムダといえばこれほどのムダはない。

とはいえ、もともとお中元は、お盆の時期に先祖へ感謝の供えものをしたことが起源。やがて、それがお世話になった人へ贈りものをする風習に変化したそうで、こういう季節に準じた習慣が完全に消えてしまうのは、やっぱり少し味気ない……なんて書きつつ、ぼくはあちこちにお世話になっておきながら、誰かにお中元なんぞを贈ったことは生涯に一度もない。これを機会に贈ってみようかとも思うが、急にそんなことをしたら「どんな魂胆があるんだ？」と勘ぐられて、よけいに波風が立ちそうな気がする。

夏の旅行　電車編——♪線路はつづくよ

夏休みのクライマックス！

多くの小学生にとって、家族旅行はやはり夏休みにおけるメインイベントである。ぼくの家庭はお店をやっていたので長期の休みがとれず、いつも二泊程度の小旅行で、行き先もたいてい近場。箱根、伊豆、熱海などの昭和の定番旅行スポットばかりだったが、それでも家族の行事としては最大級のイベントだった。夏休み気分は、この数日間にピークに達する。

当時は、旅行はもちろん、「お出かけ」ということが今より「大仰」な行為だった。現在、たとえば東京の人が箱根に行く場合、誰もが普段着に小さなバッグをひとつ持って気軽に出かけていくが、七〇年代なかばあたりまではだいぶ違っていたと思う。

渋谷や銀座あたりに買いものに行く際も、子どもたちはデパートの子ども服売り場に立つマネキンのような「正装」をさせられたものだ。園児時代の夏の「お出かけ」は、行き先が動物園であろうと遊園地であろうと、白いシャツに紺のブレザーと半ズボン、白いタイツ（これが大嫌いだった！）に「クラリーノ」などの革靴を履かされ、頭には青いリボンのついた帽子をかぶせられていた記憶がある。「お出かけ」は「人様の前に出る」ことであって、恥ずかしい格好では礼儀を失する、みたいな意識が親たちに強く働いていたのだろう。

小学生にあがったあたりで、人々の間のこういう価値観はだいぶ薄れ、「よそ行き」も急速にカジュアル化していったが、それでもやはり旅行となると「大仰」な気分になり、マイカーで行く家族旅行ならまだしも、「人様」の目にさらされながら移動する電車での旅行では、親も子も特別な雰囲気に包まれた。前々日あたりから「電車のなかでは行儀よくするのよ」といったことをさんざん言い聞かされたのを覚えているが、こういう小言もまた非日常感を高め、ある種の旅情を煽《あお》る。車での遠出より電車での家族旅行のほうが印象に残っているのも、より特別な感じがしたからだと思う。

上野駅の風情

幼少期の電車旅行において、「いよいよ遠くに行くんだ！」（実際はそれほど遠くではないのだが）という実感を強めるのは、東京駅や上野駅など、ターミナル駅ならではの雰囲気である。都心に住んでいると、普段は東京駅や上野駅にあまり縁がない。特に子どもにとっては、これらの駅で降りるということは、そこから東京を出ていくことを意味した。

また、子ども時代の東京の主要駅は、今とはだいぶ違った雰囲気を持っていたと思う。特に上野駅などには、この駅にしかない不思議なムードが漂っていた。子ども時代の印象なのでだいぶ歪《ゆが》められているような気もするが、とにかく大きくて、暗くて、汚い。構内の薄汚れた高い天井に、人々のざわめきがワン、ワン、ワンと反響していたのを覚えている。東京駅などには現在と同じように旅行客や背広姿のビジネスマンが入り混じってひしめいていたが、上野には大きな荷物を持った人しかいなかった。「遠くから来た人」と「遠くへ行く人」の群れが、どういうわけか悲痛な顔をして行きかっていた印象がある。

いつも利用している渋谷駅などとはまったく違った光景のせいで、子どものころは上野に降り立つたびに不安なような、悲しいような気分になった。それには多分に「迷子になっちゃうかも」という恐怖が含まれていたと思うのだが、かつての上野駅が「東京の玄関口」といわれていたとおり、「ここから先は遠いどこかなんだ」という空気が、子どもにも感じ取れるほどの濃密さで充満していたのだと思う。

駅弁、ポリ茶瓶、冷凍みかん

電車での旅行は、行った先でのあれこれよりも、車内で過ごした時間のほうが思い出深い。

ぼくはあまり乗りものに興味のない子どもで、山の手線などに乗り込むといつも親にしつこく「あといくつ？　あといくつ？」とたずねつづけた。つまり、駅をあといくつ通過したら目的地に到着するのか？ということばかりを気にしていたのだ。ひと駅ごとに同じことをたずねるので、母からよく「もう！　自分で数えなさい！」と怒られた。

しかし、家族旅行の電車は別である。まず、車内でおおっぴらにものを食べることができる。当時、これは旅行する際にだけ許される非日常的な行為だった。我が家だけではなく、一般的にもそうだったと思う。

電車のなかで食べるものの主役といえば、もちろん駅弁である。現在、駅弁は出発駅で買って車内に持ち込むものになってしまった。これによって駅弁は「ただの弁当」になってしまったと思う。かつては、旅程のなかほど、ちょうどころあいのいいところで停車する途中駅で買うものだった。昔の電車は、停車駅が多いうえに、停車時間が長い。ちょっ

●チキン弁当
発売年：1964年　価格：800円
問合せ：株式会社日本レストランエンタプライズ／03-5798-8080

東京の駅弁を代表する古株商品。東海道新幹線開業時に発売された。現在は上野、品川、大宮、新宿、東京の各駅で販売。半世紀の歴史のなかで多少のメニュー変更はあったが、から揚げ＋チキンライスの組み合わせは不変。発売時、幕の内弁当の150円に対し、「チキン弁当」は200円。高級感のある洋食弁当だったのである。鳥インフルエンザ騒動の2004年、一時的に販売が中止。復活を望む声が多数寄せられたため、鶏肉の産地を変更して販売が再開された。2007年には初期の姿を再現した「復刻版チキン弁当」も発売された（現在は終売）

まさにシンプルの極み、といった内容。が、そぼろ玉子をのせた薄味のチキンライスと、冷めても香ばしいから揚げとの相性は最高なのだ

と大きな駅では、必ず「駅弁売り」のオジサンが大きな木箱を首からさげて売りにきた。現在のように窓の開かない電車など存在しなかったので、どの車窓からも旅行客が体を乗りだし、「くださーい！」と声をかけて弁当を購入していた。こうして車窓越しに手にする駅弁がいかにも「本当の駅弁」らしくて、一番おいしい。

が、「駅弁売り」のオジサンはひと駅に数人。いくら「くださーい！」とやっても、こちらに来てくれないことも多かった。そういう場合は、父が大急ぎでぼくと母から注文をとり、駅の売店にかけだしていく。昔のマンガには、こういう状態のままタイムリミットが来て電車が発車してしまう、という場面がよく描かれたが、本当にそういう危険が高かった。売店に人が並んでいたりすると、いつ発車ベルが鳴るかとヒヤヒヤしながら列の最後尾に並ぶ父を眺めていたものだ。このヒヤヒヤ感も駅弁の味わいだったと思う。

駅弁のおともは、もちろん「ポリ茶瓶」入りのお茶である。ペットボトルはもちろん、缶入りのお茶などもなかった時代、これが唯一の「お金を出して買うお茶」だった。しかし、「ポリ茶瓶」というのは小さな子どもにはとにかく扱いにくい。特に昔のものは材質が劣悪だったのだろう、熱くて長時間持っていられないうえに、熱で容器自体がグニャグニャになった。この不安定な容器を傾けて、小さなキャップに注がなければならな

1957年発売のお弁当用しょうゆ&ソース入れ「ランチャーム」（旭創業）

1960年代なかばに登場した「ポリ茶瓶」（旭創業）。60年代初頭までは陶器製の茶瓶が主流だった

い。しかも揺れる車内だ。当然、親は「お母さんがやるから」というが、子どもとしては「ポリ茶瓶」なるものがもの珍しくて、なんとしても自分でやりたい。案の定、ひざにこぼして「あちっ！」となった。

忘れてはいけないデザートが、冷凍みかん。これも電車のなかか給食でしか食べられない特別なものだった。しかも、給食で配布されるバラの冷凍みかんはニセモノっぽい。やはり縦に四つ積みあげた状態で赤い網に包まれていなければ、それらしくない。給食の冷凍みかんは凍らせたみかんの味しかしなかったが、車窓を眺めながら食べる冷凍みかんは、アイスクリームがたちうちできないほどにおいしく感じられた。

車内のひまつぶし

車内でなにもしていないと、すぐに「あといくつ?」がはじまると思っていたのだろう、親はさまざまな「ひまつぶし」の工夫を用意していた。

「都こんぶ」「ボンタンアメ」「アーモンドチョコレート」などのお菓子類をあてがうなどのほか、家族での「しりとり」「クイズ」などもよくやった。このときのために、母が『おもしろクイズ一〇〇問』(たいていは「おもしろ」くない)みたいな本をバッグに忍ばせていることもあった。また、父からは切符に並んだ数字を足したり引いたりして一にする、という遊びを教わった。携帯電話も携帯ゲームもなかった時代は車中のひまつぶしも素朴だったのだ……と書いて、思いだした。

七〇年代にも携帯ゲームはあったのだ。これは家族旅行だけでなく、遠足などの際にも子どもたち必携のアイテムになっていた。トミーから出ていた「ポケットメイト」をはじめとするアナログのミニゲームである。ほとんどがパチンコ玉をはじいたり転がしたりするもの、もしくは「将棋」などの折りたたみボードゲームだった。揺れる車内で父と「オセロ」をしたことを覚えている。この種のゲームは乗りもののなかで遊ぶこと

網ではなくビニール入りだが、ちゃんと昔ながらの風情を残した「縦積み」スタイル。溶かしきらず半解凍状態で食べるのがコツ

●冷凍みかん
発売年：1948年　価格：450円（4個入り）
問合せ：株式会社南松商店／072-751-8998

大阪など、西日本の各駅のキヨスクで長年にわたって「冷凍みかん」を販売してきた南松商店の商品。メディアにも多く取りあげられ、ネットでも手軽に購入できるため、いまや全国的に知られる「冷凍みかん」だ。和歌山の完熟みかんをマイナス40度で瞬時に凍結、その後0度の水に一瞬だけ浸け、再度凍結させるという工程でつくられる。家の冷凍庫でみかんを凍らせても、このシャーベット感は絶対に出ないのだそうだ。http://www.minamimatu.co.jp/

1975年、トミー（現・タカラトミー）から発売された「ポケットメイト」。84年までの約10年間、タイトルの入れ替えを随時行いながら常時20種ほどのラインナップが販売された。元祖「移動中のひまつぶしゲーム」だ。写真は「コンバットタンクゲーム」（復刻版）

が想定されているので、ちゃんとコマがマグネットなどでボードに固定されるようになっていた。

しかし、電車内の一番のひまつぶしは、やはりただ車窓を眺めて、見えてきたあれこれについて家族でたわいもない感想を言いあうことだったと思う。「あ、ミカンの木だ」とか、「あ、田んぼだ」とか、「あ、海だ」とか。特に覚えているのが、「野立て看板」といわれるさまざまな立て看板が並ぶ風景。電車の乗客の目につくように、田んぼなどに設置された野外広告である。その昔は、都心から郊外に出たあたりでよく目にした。一面緑の野原や田んぼにズラズラと看板だけが並ぶエリアも多く、そのちょっと野暮《やぼ》ったいキャッチコピーやチープなイラストを眺めるのがおもしろかった。

往路の車窓は楽しい。乱立するビルが少しずつ消えていき、背の低い民家が多くなって、だんだんと空が広く

旅行&遠足のおともの代表選手「都こんぶ」（1912年。中野物産）、「ボンタンアメ」（1926年。セイカ食品）

なる。さらに都心を離れると、ガスタンクや高圧電線などの見慣れないものが現れ、やがて建物は見えなくなって、緑が多くなり、遠くの山々や海が近づいてくる。「今、まさに旅行をしているんだなぁ」ということを実感する。

　同じ風景を逆にたどる帰路では、非日常的な風景が見る見る日常の見慣れた景色に変わっていく。「あ〜あ……」というため息とともに「帰ってきちゃった」ことを痛感しつつ、さらに、その落胆の向こうに、もっと大きな不安が黒い影を落としていることに気づく。「すでに夏休みの半分以上が過ぎ去ってしまった」という残酷な現実。気分が重くなりかけたところで慌てて首を振り、「いや、まだ半分残ってるんだっ！」と心のなかで強く自分に言い聞かせたりする。

夏の旅行　自動車編

——♪チキバンバン、チキチキバンバン！

自動車愛好

マイカーの普及率が急速にアップしたのは、ぼくが生まれた六〇年代の後半だったそうだ。このころから七〇年代前半にかけて、日本の各所に「マイカー族」を前提にした大型レジャーランド（電車ではたどりつけない「サマーランド」など）が続々オープンし、自動車での家族旅行も定番化したようだ。

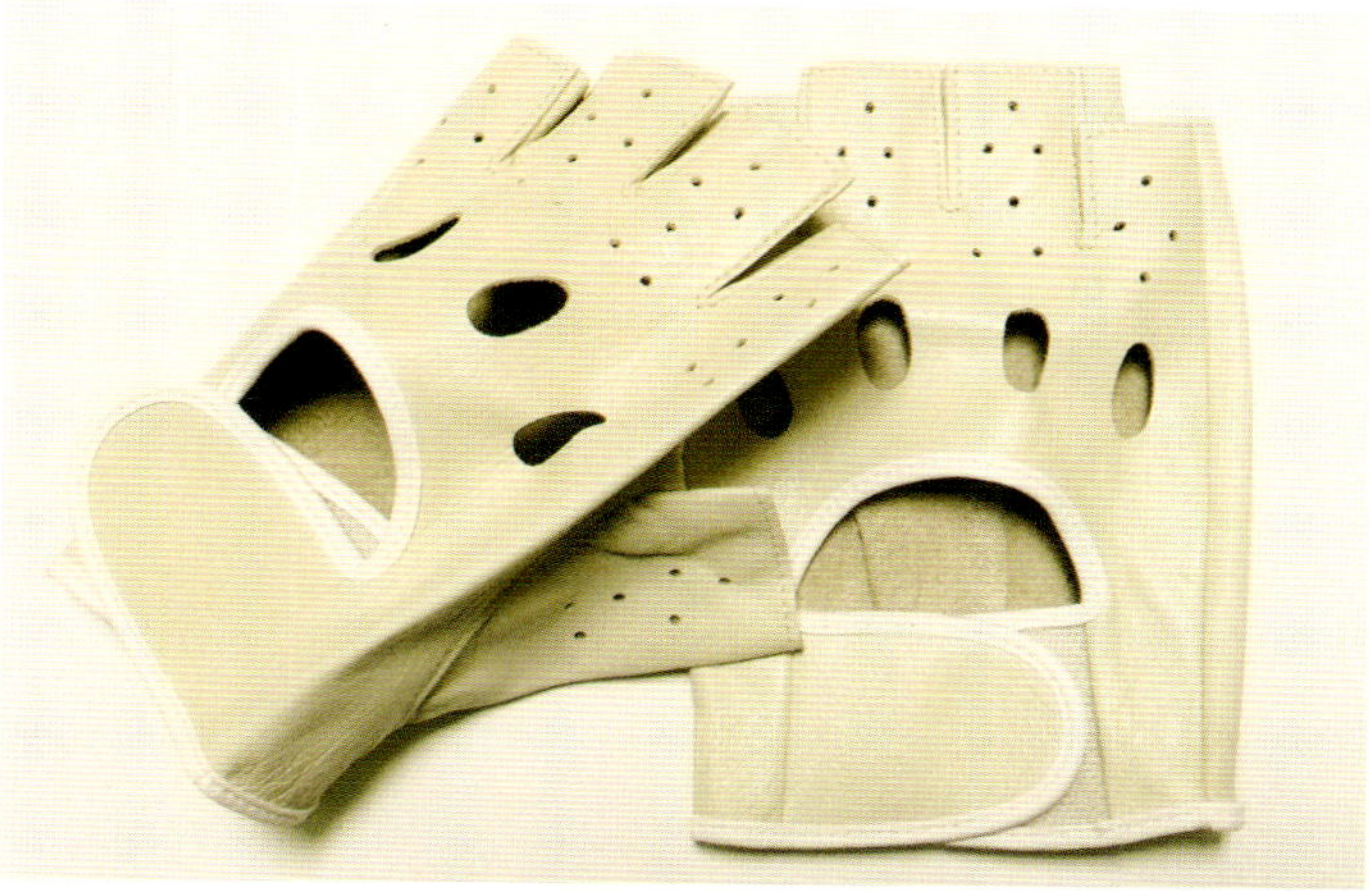

現在も複数のメーカーから販売されているクラシックな運転用手袋（ドライビンググローブ）

すでに各家庭で必需品・実用品と化していた自動車ではあったが、子ども時代の記憶を細かく思いおこしてみると、今よりもまだまだ多分に嗜《し》好品的だったというか、趣味のアイテムという性質が色濃かったと思う。要するに、当時のお父さんたちは自分の自動車をかわいがっていたし、楽しんでいた。

今思いだすとちょっと笑ってしまうのは、七〇年代当時、多くの人が自動車を運転するときには専用の手袋をはめていたこと。ぼくの父も、車に乗るときは夏でも必ず白い革製の手袋をはめていた。今でも車マニア風な人が着用しているのをたまぁ〜に見かける。指の半分くらいまでしかない手袋で、なおかつナックル部分に穴があいている独特のデザインだった。これでフェラーリやランボルギーニを運転するならともかく、父が乗っていたのは仕事でも使っていた国産のライトバンである。それを「手だけがレーサー」みたいなスタイルで運転していたのだ。これは別にぼくの父親だけが変わり者だったというわけではなく、多くの運転するお父さんに共通していたと思う。デパートの紳士用小物売り場などにも、「ドライブ用手袋」コーナーがあったはずだ。

そういえば、「手だけ」ではない。「ドライブ用サングラス」というのも普及していた。父も運転時だけはサングラスをかけていたのを覚えている。普段からメガネをかけているので、メガネの上からパチリと装着するタイプのものだった。車に乗るときはちょっとだけ「変身」するみたいな習慣が、昭和のお父さんたちには確かにあったのだ。

こういう傾向は、やはりモータリゼーション直後ならではの「まだ自動車を持ちなれていない感じ」の表れだったような気がする。昨今、時流に乗ってロードレーサーなどの本格的な自転車を購入する人が、いきなり競輪選手みたいなヘルメットやコスチュームまでを買いそろえてしまって周囲をあきれさせたりするが、あれに少し似ている。

「水中花シフトノブ」と「バイバイハンド」

自分の車を変なふうにいじくるのも流行していた。これもマイカーに対する愛着の間違った形での発露だったと思う。機械的にチューンナップするとかではなく、内装に無意味な演出をほどこすのである。プロレーサーっぽい革製のハンドルカバーとか、今でも年配のタクシーの運転手さんが愛用している木の玉でつくったシートカバー、それから、これもタクシーでよく見かけたが、水中花をクリスタルのなかに閉じこめたシフトノブなんていう意味不明のアイテムもあった。これら昭和のお父さんのヘンテコな自動車偏愛は、次の世代以降の「暴走族」がさらに間違った形で引き継いだように思う。

自動車まわりの無意味なアイテムのなかで、子ども時代のぼくが唯一「おもしろい！」と思ったのは、七〇年代に一世を風靡《び》した通称「バイバイハンド」。なんであんなものがあんなに流行《はや》ったのか、今となっては首をかしげてしまうが、吸盤でリアウインドウなどに貼りつける手のオモチャだ。自動車の震動でユラユラと動くようにできていて、後ろの車に「バイバイ！」と手を振っているように見える。これは我が家の車にも導入された。全盛時、渋滞などの車列を見ると、どの車の窓にも「バイバイハンド」がゆれていた。ぼくも「ほしい！　ほしい！」としつこく親にねだり、父がどこからか仕入れてきたのを覚えている。ガソリンスタンドなどで売っていたような気がするが、記憶がいまひとつはっきりしない。

どのメーカーのものが元祖なのかもわからないが、基本は黄色い「パー」の手が揺れるタイプだったと思う。いろんな会社がつくっていたようで、さまざまなカラーや形状があった。あげくのはてには子ども用のミニチュアも登場し、ガチャガチャの景品にもなっていたはずだ。自転車のハンドルに取りつけるタイプも子どもたちの間で流行した。ぼくも買ってもらって、手元でユラユラと揺れる「パー」を眺めながら自転車を乗りまわしていたのを覚えている。七〇年代は、ときおりこういう意味不明の変なヒット商品が生まれる時代だった。

耐えがたき渋滞

我が家の家族旅行は年によって電車、車を使いわけていたが、いつも行き先はだいたい同じような場所だった。どういう理由で電車と車を選んでいたのかはわからないが、今考えてみると、車で出かけた年に大渋滞でコリて、次の年は電車。さらに次の年は「今

Vサインや OK サインなど、計4種のスタイル。それぞれ黄・白の2種あり

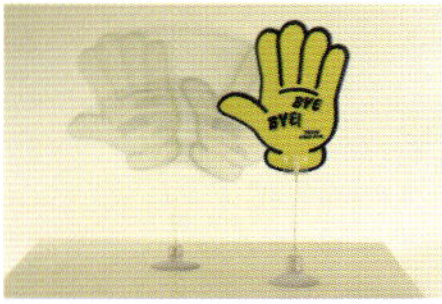

設置は吸盤でリアウインドなどに貼りつけるだけ。垂直面にも水平面にも設置可能

●スイングハンドポップ
発売年：1990年代後半　価格：オープン価格
問合せ：日本ボデーパーツ工業株式会社／06-6458-5195

まさに70年代に流行した「バイバイハンド」そのものだが、10年ほど前に企画されたリバイバル商品だ。製造は東洋マーク、販売を日本ボデーパーツ工業が行う。当時モノとの大きな違いは、一種の芳香剤として機能すること。手の部分に香り成分が仕込まれており、車内に取りつければスカッシュの香りが広がる。70年代の王道は黄色いパーの手だったと思うが、この商品のカラーは黄色、白の2種。手の形もそれぞれ4種用意されている

年は久しぶりに車で行ってみるか」となり、やはり渋滞でコリて次は電車……ということの繰りかえしだったのではないかと思う。

旅行シーズンの大渋滞は、当時からひどかった。幼少期の車の旅行を頭のなかで再現すると、一番多くを占めるのが大渋滞の場面になるような気がする。動かない車に閉じ込められた状態でじっとしていることは、子どもにはこのうえない苦痛だ。「まだ動かないの？　いつ動くの？」としつこく父にたずねたり、退屈のあまり後部座席に立ちあがって、車内の天井をドンドンドン！と叩いてダダをこねたりしたのを覚えている。最終的にはいつも「動かないものはしょうがないでしょ」と母親に怒られた。

夏休みにはいつも「よみうりランド」そばの「おじいちゃんち」に泊まりに行く。泊まるのはぼくひとりだが、両親が車で送り迎えをしてくれた。毎年、もうすぐ「よみうりランド」となったあたりで必ず渋滞するのだが、ときおり尋常じゃないほどの大渋滞に巻き込まれることがあった。こういう場合は、たいてい郷ひろみ、もしくは西城秀樹、あるいは沢田研二などの時のアイドルが『よみうりランド』にやってくるっ！」の日なのである。母はよくイライラしながら「本当にいい迷惑よね」などと文句を言っていたが、ぼくも渋滞でウンザリさせられたあとに、テレビで郷ひろみが「♪キミたち男の子」

●グレイスメイト ポピー
発売年：1978年　価格：各1200円
問合せ：株式会社ダイヤケミカル／06-6846-3735

同世代であれば、あのすっとんきょうな声の「くるまにポピー♪」を聞いたことがない人はいないだろう。オール阪神巨人のCMでおなじみの商品だ。開発時、車の芳香剤はエアゾールタイプやゲルタイプが主流。そこに登場したリキッドタイプの「ポピー」は、発売と同時に圧倒的なシェアを獲得した。他のタイプと比べ、リキッドタイプは芳香剤の拡散性に優れているそうだ。ただ、振動や温度変化がある車内に設置するため、開発は「液漏れ」との戦いだったという。高級感の漂うシックなボトルデザインと安定した揮発性、そして香りそのもののよさで、現在もロングセラー商品として愛されつづけている

昔からタクシーの車内でよく見かけた印象が強い。写真は左から「柑橘系」「ブーケ」「フリージア」「きんもくせい」

なんて歌ってるのを見ると、「あ、渋滞の人だ！」と苦々しい気分になった。

一度など、あまりに車が動かないので「気分を変えよう」と母が外に出て、ちょうど道路のわきにあった鯛焼き屋さんに鯛焼きを買いに行ったことがあった。こういう客が多かったと見えて、店の鯛焼きはすべて売り切れ。「考えることはみんな同じね」と言いながら母は帰ってきた。それから小一時間ほど経過したころ、誰かが車の後ろの窓をコンコンと叩く。ギョッとして振りかえると、先ほどの鯛焼き屋のお姉さんだ。

「あの、新しい鯛焼きが焼きあがりましたけど……」

鯛焼き屋が新たに材料を仕込んで焼きあげるまで、渋滞は数メートルも動いていなかったのである。

ドライブイン

マイカー普及を受けて、六〇年代なかばから郊外に続々とオープンしたのがドライブインだ。このドライブインというのは、現在の高速道路にあるパーキングエリア、あるいは主要道路に点在する道の駅などとは似て非なるものだったと思う。建物に共通するデザインのパターンがあって、上から押しつぶしたように真ったいらな天井の建物か、もしくはコンクリートでつくったトンガリ屋根の巨大な山小屋風。見晴らしのいい観光地になると、窓がぐるりと取り囲む円形の建物。だいたいこの三種だったと思う。どれも独特の風情があって、いかにも「観光地にやってきた！」という感じがした。最近はこの種のクラシックなドライブインをあまり見なくなった。ちょっとさびれてしまったような観光地に行くと、いかにも六〇年代風のドライブインが廃墟になっているのを見かけたりして、ちょっと悲しくなってしまう。

ドライブインにせよ、今も多くの人に利用されるパーキングエリアにせよ、長距離ドライブの途中の寄り道は、子どもには大きな楽しみだった。ぼくは幼少時、電車はともかく、車に乗るとかなりの頻度で乗りもの酔いをするほうで、自動車旅行の際はことあるごとに休憩所に立ち寄って外の空気を吸った。そういう際にドライブインやパーキングエリアの土産ものコーナーや、軽食を出す簡易食堂、スナックコーナーなどを眺めるのが好きだった。なぜかああいう場所の食べものは、どれもやたらとおいしそうに見える。両親ともに「ドライブインの食事はまずい」という考えの人だったので、食堂に入ってなにか食べるということはほとんどなかったと思う。だからよけいに憧れてしまう。

現在の立ち食いそばのような、ちょっとジャンクな感じの麺類や、スプーンが突っ込まれたお冷といっしょに運ばれるカレーライスなどは、なんだかちょっと「大人の男」を感じさせる食べものに思えた。

嫌な顔をする母によくねだって買ってもらったのが、スタンドで売られるアメリカンドッグ。「グーテンバーガー」「マックバーガー」などの自動販売機ハンバーガーを選ぶこともあったが、ドライブ中のおやつの最高峰はケチャップ&マスタードたっぷりのアメリカンドッグだと思う。「そんなもの食べたら気持ち悪くなるわよ」と言われるのだが、「ダイジョブ、ダイジョブ」なんて言いつつかぶりつく。遊園地の売店や縁日でも定番の商品だが、炎天下の駐車場、しかも排気ガスだらけの環境で歩きながら食べるアメリカンドッグが一番おいしい。排気ガスとガソリンの香りが、あの安っぽい味にとてもマッチしているような気がする。

が、乗り物酔いしやすい子どもが揚げたソーセージをたいらげて、「ダイジョブ、ダイジョブ」なわけがない。毎回、車がパーキングを出たとたんに気持ち悪くなった。慌てて「トラベルミン」をもう一錠服用したりする。当然、母親から「だから言ったでしょ!」とまたも怒られてしまう。

●トラベルミンチュロップ レモン味
発売年：1952年　価格：498円(6錠)
問合せ：エーザイ株式会社／0120-161-454

乗り物酔い薬のロングセラー。1952年当時の観光ブームにのり、シリーズ第1号が開発された。1964年に発売された「トラベルミンジュニア(学童用)」の箱を飾っていたのが「トラベルミン坊や」。イラストレーターのおおば比呂司氏が生み出したキャラクターだ。現在、大人用、液剤など、さまざまなシリーズがある。写真は2010年3月に発売されたドロップタイプの製品。ほかに「ぶどう味」もある

1964年、「トラベルミン坊や」が掲載された当時の「トラベルミンジュニア」

「トラベルミン坊や」の店頭人形

縁日、花火、夏の宵

——♪Qちゃん音頭でキュッキュッキュッキュッ！

家族で花火

昔のおもちゃ屋さんには季節感があった。お正月には店頭に凧がいっぱい飾られ、二月になれば店の半分ほどのスペースに雛人形が陳列される。本格的な春が訪れれば、今度は鯉のぼりと五月人形。季節ごとにお店の内容がガラッと変わる。真夏に店頭を飾るのは、浮き輪やミニプール、ジョウロなどの水遊びの道具、そしてもちろん花火だ。

我が家ではいつも、なにをきっかけにそういう気分になるのかはわからないが、突然、

錠剤状の黒い物体がニョロニョロと伸びていく「へび玉」

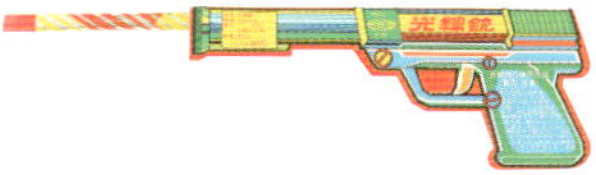

セットにこれが入ってるとうれしかった！　ピストル型の「光線銃花火」

安価な花火のなかでは主役級。手軽なふき上げ花火「ドラゴン」

おもちゃ感たっぷり。紙の戦車が激しく火をふく「タンク煙火」

夜よりも昼間のほうが楽しめる煙幕花火「カラースモークボール」

母親が「今夜、花火やろうか」と言いだして、昼間のうちにぼくとふたりで駅前の「みはし屋」というおもちゃ屋さんに買い出しに行く。こういうことが毎年、ひと夏に三度ほどあったと思う。不思議なことに、こちらから「花火やりたい」とねだった記憶はない。

　購入する花火はだいたいいつも同じようなもので、まず中くらいのセット。大中小とあったが、いつも中。それでもけっこうな数が入っていて、これが今夜の花火の大半を占めることになる。それから数点ずつ、ぼくと母親が好きなものをバラで選んだ。母は必ず「線香花火」と「ねずみ花火」を選び、ぼくは決まって「へび玉」を選んで母に嫌な顔をされた。ウニョウニョと黒い物体がのたうちまわ

「ねずみ花火」。別名「花車」。現在も親しまれている花火のなかでも最古のもののひとつ。江戸時代から存在していた。とにかく安く、価格のわりに楽しめる。が、ぼく自身は苦手だった。幼児時代、火をふきながら追いかけてくる「ねずみ花火」がものすごく怖かった

るブキミなヤツだ。それから、ピストル型の花火と「ドラゴン」も必ず買った。最後に、ちょっと高めの凝ったものをひとつ買ってもらう。パラシュートを背負った人形が飛びだすやつとか、最後に紙のお城が出てくるやつとか、戦車が火をふくやつとか。ささやかな花火会場は、公園、もしくは家の前の歩道。ちゃんとバケツに水を用意し、蚊取り線香も設置する。家族三人だけのこともあったし、従姉妹家族を呼ぶこともあった。飼い犬を連れてくることもあったが、犬は火を怖がるので、むこうは迷惑だったと思う。

あの当時、夏の間は毎晩のように、近所の角々で、いくつもの家族がこんなふうに

内容はほとんど60年代から変わっていない典型的な「花火セット」。家族でやるならこの分量で1時間程度は楽しめるはず

代わる代わる花火を楽しんでいた。自分たちが楽しんだ花火ももちろん思い出深いが、夏の夜、外から聞こえてくる花火の音も懐かしい。窓の外がなんだか騒がしいなと思っていると、子どもの歓声につづいて、シュッとかポンッという音が聞こえてくる。「あれ？　ノブちゃんち、花火やってるのかな」と母親といっしょに玄関の窓からのぞくと、ガラスの向こうに、隣の家族の楽しそうな姿と、きらめく火花が見えた。

　現在、みんなが花火を楽しんだ路地は、マンションとマンションの単なる「隙間」と化している。あんなところで花火をやったら、即座に通報されてしまうだろう。

盆踊り

地元・恵比寿の駅前盆踊りは各メディアに取りあげられたりして、わざわざ遠方から見物に来る人もいるらしい。ぼくの子ども時代、駅前のほかにふたつの公園とひとつのお寺、計四つの盆踊りがひと夏に開催されていたと思う。どれも小規模で、あくまで地元住民の催しだった。「今日は盆踊り!」という日は、昼間から落ち着かない。といっても、踊りたがっているわけではなく、屋台であれを買ったりこれを買ったり、というのが楽しみなのである。考えてみれば、盆踊りで踊った経験はほとんどない。本当に小さかったころに一、二度、「Qちゃん音頭」などがかかる「こどもタイム」(子ども向け音頭ばかりがかかる時間帯)に踊ったことがあったが、それ以降は恥ずかしがって、親が「ほら、踊ってきなさいよ」と言っても、頑として踊りの輪に加わることはなかった。

踊りはしなかったが、盆踊りが開催されている夜の公園の風景というのは、本当に心躍るような華やかさがあった。木々に張りめぐらせたロープに紅白の提灯《ちょうちん》を無数につるし、公園全体が光り輝いているように見える。中央に紅白のやぐら、てっぺんの大太鼓が打ちならす盆踊り特有の「ドドンガドン」という拍子。やぐらを取りまく屋台のやけ

地元の盆踊りにて。踊りの輪に加わろうとしない筆者。1970年ごろ

にまぶしいアセチレンランプの光。拡声器から聞こえてくる音楽の音質の悪さが、またいかにも盆踊りらしい。カサカサと耳ざわりなノイズ混じりの「東京音頭」はさんざん聞かされたので、いまだにフルコーラスの歌詞を暗唱できる。

そういえば、小学校にあがる前のほんの二、三年の間だけだったが、盆踊りの付録のような形で、子どもたち向けの野外映画会も開かれた。盆踊りとはうって変わったシ〜ンとしたイベントで、その異様さが記憶に残っている。夜の闇に浮かんだ白い布に薄ボンヤリと浮かぶ映像を、たくさんの子どもたちが押しだまって見ていた。数本の作品が上映されていたようだが、覚えているのは『マグマ大使』だけ。上映の最中、夜空に浮かぶ動く映像があまりにもの珍しくて、スクリーンの布を触りに行ったのを覚えている。スクリーンの真横に立って眺めると、風が吹くたびに映像の世界と現実の世界の境目がゆらゆらとゆれて、なんだかとても不思議な感じがした。

お祭りと縁日

ぼくの地元には、夏祭りというものがない。地域をあげてのお祭りは九月に入ってから、敬老の日（当時は九月一五日と決まっていて、現在のように年ごとに祝日が変わったりはしなかった）に行われた。しかし、まだ十分に暑くて、炎天下に子ども神輿《みこし》を担ぐと汗だくになる。

はじめてお祭りに参加したときのことは、鮮明に覚えている。いきなり母親から「これに着替えなさい」と、青いハッピを着せられた。その当時は、山の手のお祭りも下町ばりに本式で、参加する子どももきちんとした祭り装束をすることになっていたらしい。各洋品店はこの季節になると、コスプレのような子ども用ハッピセットを売りだす。頭

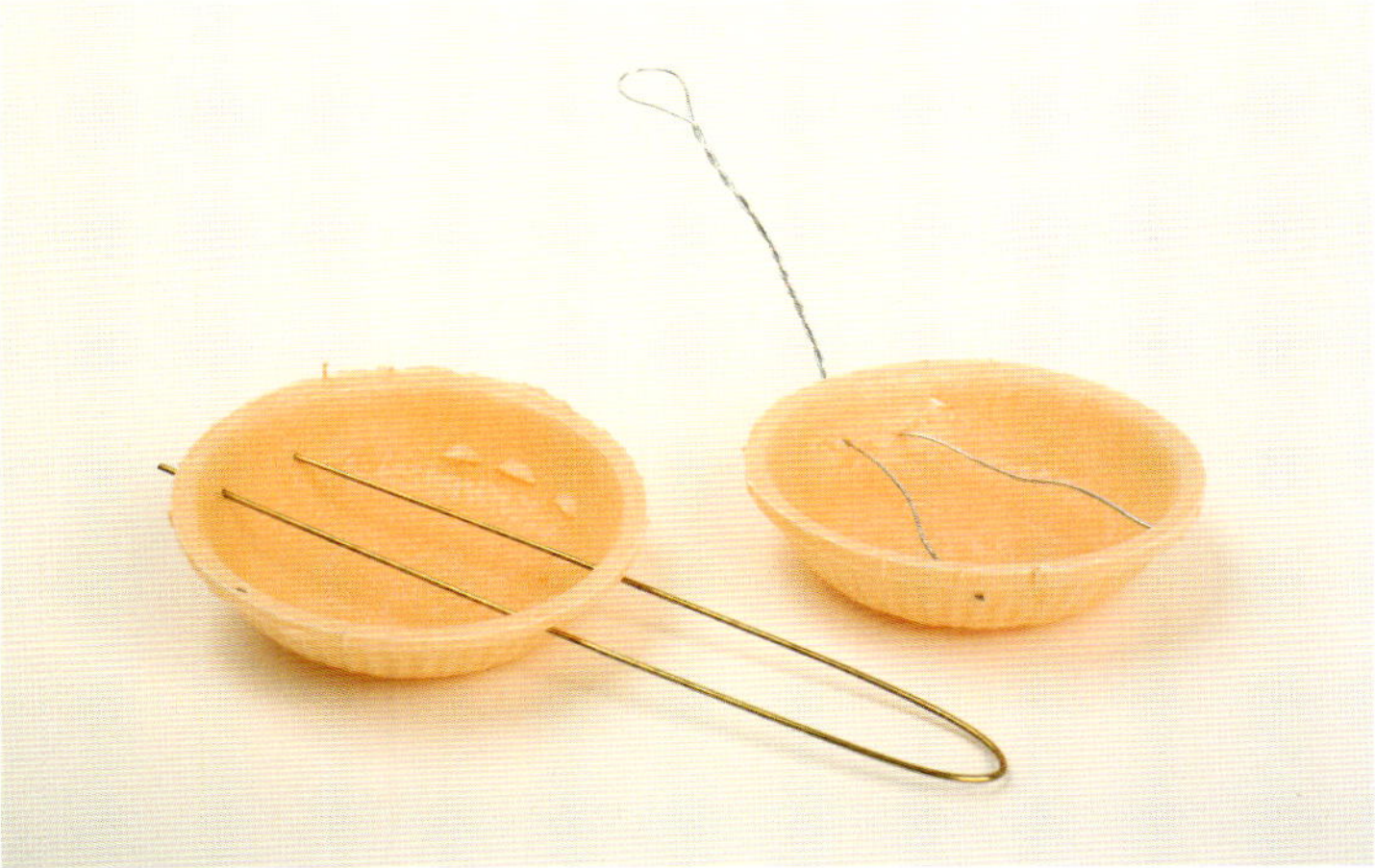

●モナカの「ポイ」

金魚すくいに使われる道具を「ポイ」と呼ぶが、現在はプラスチックの枠に薄い紙を貼ったものが主流。我々の時代にもそれは存在したが、主流はモナカに針金を突き刺したスタイルの「ポイ」だった。モナカは水中に入れると、みるみる水分を吸ってフニャフニャになり、最後はグシャッと形を失ってしまう。そうなる前に何匹の金魚（当時は銭ガメもよく混じっていた）を獲得できるか、が我々にとっての「金魚すくい」だったのである。紙の「ポイ」より耐久力が強かった記憶がある。というか、グシャグシャに溶けた状態でも、骨組みの針金をうまく使えば二、三匹はすくえることもあって、屋台のオヤジに「それ、もう終わってるよ！」と止められるケースも多かった

「見たことない」という若い人も多いが、今も問屋などでは販売されている。あんず飴にはモナカのお皿がつきものだが、あれとまったく同じものなのだそうだ

にはハチマキ、首に手ぬぐい、腰の帯には変なプラスチック製ひょうたんなど（根付け?）をくくりつけられて、足には真新しい草履。一番イヤだったのは、化粧をされることだった。鼻のところに、白い線を縦に一本入れられるのである。

「さあ、できた。行ってらっしゃい」と背中を押されたところで、ワンワン泣きだしたのを覚えている。こんな格好で外に出るのはイヤだ！と思ったのである。「お祭りなんだから、これでいいの！」と説得されたが、柱につかまって大泣きしながら外出をこばんだ。そこへ、近所の「よっちゃん」が「けーんちゃーん！」と誘いに来た。玄関へ出てみると、なんと「よっちゃん」も同じコスプレをしている。ちゃんと鼻に線を描かれ、平気な顔をしていた。それを見て、急にぼくもケロッとなった。「なんだ、みんな同じ格好をしてるのか」と納得し、まさに「泣いたカラスがもう笑った」状態で、「行ってきまーす」と家を出た。

お祭りの日は二日間。この二日は朝から

1970年ごろの筆者。この格好がイヤだった！

晩まで楽しいことが目白押しだ。朝ごはんはお赤飯とお祭り料理のご馳走になるし、昼間は山車をひっぱったりお神輿を担いだり。終わったあとは、朝に配られた青いハチマキと引き換えに、参加賞みたいなお菓子の詰め合わせがもらえる。そして夜になれば、街一番の大きな神社で大々的な縁日が開催される。この縁日がすごかった。恵比寿、広尾、渋谷一帯のお祭りなので人手が多く、屋台の数も種類も盆踊りのときとは比較にならない。

当時の縁日の目玉は、なんと「見世物小屋」だった。八〇年あたりまで、まだそんなものが東京の縁日につくられていたのである。一年おきに「おばけ屋敷」と交互に開かれていた。

ぼくは、母から「『見世物小屋』には入っちゃダメ」ときつく言いわたされていて、最後までその言いつけを守った。バレて怒られるのが怖かったというより、小屋の入り口にある「へび女」の毒々しい看板を見

今も昔のままの初代「ウルトラマン」のお面

「水ヨーヨー」。屋台の水槽にプカプカ浮いている姿も、遊んでいるときの水音も涼しげ。これをバシャバシャやりながら歩いている浴衣姿の子がいないと、縁日らしさは半減してしまう

昔から縁日でしか見かけないおもちゃ「毛笛」。風船をふくらませるとビエーン！とやかましい音をたてるだけ。が、この耳ざわりな音と、飾りについているカラフルな羽根が縁日っぽいのだ

て、どうもあまり入る気になれなかったのだ。いつも翌日の学校で、友人たちが「すごかったなぁ、あのへび女！」などと話しているのを聞いて悔しい思いをするのだが、次の機会にも、また躊躇《ちゅうちょ》してしまう。そうこうしているうちに、ＰＴＡから苦情が来たとかで、廃止になってしまった。

なんでも、巫女《みこ》のような格好をした美しい「へび女」が、ニワトリやヘビを生きたまま食べる（実際には血を飲むだけ）という壮絶なパフォーマンスだったらしい。確かに好奇心はビリビリと刺激されるが、やはりちょっと尻ごみしてしまう内容だ。今見てもトラウマになりそうな気がする。が、当時は女の子たちまで見ていたのだ。

小四の年、友人たちと「見世物小屋」の看板を眺めていたら、ちょうどそこから出てきたクラスの女子の

一団とはち合わせたことがあった。みんな尋常じゃないほど興奮していて、涙目になっている子もいた。一団のひとりが、当時女子たちの間で流行《はや》っていた恐怖マンガマニアで、ぼくはいつも彼女からオドロオドロしい楳図かずお作品を借してもらっていた。浴衣姿で、いつもよりずっと大人びて見える彼女は、「見世物小屋」の入り口を指さし、もう一方の手でぼくの腕をつかむと、叫ぶように「絶対見て！　絶対見て！」と言う。「血がすごいの！　血がすごいの！　楳図かずおのマンガと同じ！」と顔を上気させて力説する彼女に、しかたなく「う、うん、あとで見る……」と力なく答えた。一団が過ぎ去ったあと、ぼくと同じく少々怖じ気づいているらしい男どもと「どうする？」「どうしようか？」と相談して、結局、「やめとこうか」となった。

まるで江戸川乱歩の時代の浅草の話のようだが、七〇年代後半の渋谷区の光景なのである。

なにもない夜

花火もしないし、盆踊りもない夏の夜にも、思い出は残る。

うちの家族は、夏休みの間、夕飯の後になんとなく「ちょっと外の空気でも吸おうか」ということになって、家族三人でぶらぶらと夜の散歩に出ることがあった。なんの目的もなく、ただ「あっち行ってみようか」「ここ曲がってみようか」と、近所をうろうろするだけ。三〇分ほどただ歩いて、なにごともなく帰ってくる。それだけなのだが、こういうなにもない夜の記憶は、なにかあった夜の思い出の隙間に残って、いつまでも消えない。

なまあたたかい夜の空気とか、点滅する飛行機のライトを指さして、「あれ、UFOじゃないの?」と語りあったこととか、父が通った小学校の前を通り、暗い校舎を眺めたこととか、途中の自動販売機でジュースを買ったこととか、たまたままだ店を開けている本屋さんの前に出て、そこで父がマンガを買ってくれたこととか。

そういえば、「月が追いかけてくる」ということを父と母に証明しようと思ったこともあった。月を見ながら走ると、あたりまえだが、月と自分の位置関係は変わらない。電信柱や家々は自分の後ろにどんどん遠ざかっていくのに、月はいつまでも同じ角度に位置している。小さいころ、この現象が「月が追いかけてくる」ように見えて、とても不思議だった。「ほら、月はぼくを追いかけてくるでしょ?」と母に言うと、母は笑って「そうね」と答えた。

こんなたわいもないことが、不思議に懐かしい。「あの夏」の思い出を語るとき、我々はついつい記憶の引きだしから「事件」ばかりを引っぱりだしてしまうが、「あの夏」の大半は本来、たわいもないことの連続だったと思う。本当の思い出は、そうしたもののなかにあるような気がする。

●コラム――水中花

正直、「水中花」が実際に開くところを見るのは、今回の撮影時がはじめてだった。昔の縁日でよく売られているのは目にしていたし、また、夏になると商店街の小さな喫茶店のウインドウなどに飾られるのを見てはいたが、我が家で購入したことはなかったと思う。「水中花」を夏の風物詩と捉えたり、「涼しげ」だと感じるのは、もうひとまわり上の世代の感性なのかもしれない。ぼくら世代が「水中花」で連想するのは、せいぜい松坂慶子が網タイツ姿で歌っていた『愛の水中花』くらいのものだ。

が、これがなんとも夏らしくて、美しいおもちゃなのである。縁日の「水中花」屋台に女の子たちが群がっていた理由が、今さらながらわかった。構造は、単に色紙をたたんでつくった花のつぼみに、ただ重りをつけただけ。これをポチャンとコップの水に入れると、細かな泡のなかでユラユラとゆらめいて、しばらくしてからパッと花を咲かせる。その様子は、ちょっと神秘的なくらいに美しい。夏の窓辺の飾りなどには最適だが、なにしろ紙なので、二週間もしないうちに形がくずれ、やがては水に溶けてしまう。本物の花のように、散ってしまうのである。このはかなさも、昭和の女の子たちを魅了したのだろう。

●水中花
発売年：1970年ごろ　価格：①158円、②315円、③各153円
問合せ：日本装飾造花株式会社／058-264-2111

「水中花」にもさまざまな形があるが、開花の様子が楽しめるのは、やはり大輪の花。フワッとダイナミックに花びらを広げる瞬間は、思わず「あ！」と声を出してしまう。小さな花も涼しげで、水の中でゆらゆらゆれるさまがカワイイ。グラスのチョイスなどでもいろいろと楽しめそうだが（その昔はブランデーグラスなどに入れるのが流行った）、最近は縁日でも目にしなくなったし、玩具店などでも扱っていないようだ

その昔、縁日で売られていたころから変わらない「都の水中花」と書かれた小袋入り。
外箱のデザインもレトロ&キュート

夏の読書——課題図書からオカルト本まで

質より量の読書感想文

「読書の秋」とはいうものの、小中学生時代の読書の記憶は、その多くが夏休みの思い出につながっている。とにかく時間がたっぷりあったので、真っ昼間に部屋で寝っころがって本を読むことは多かったし、寝苦しい熱帯夜などは、電気スタンドの小さな明かりだけで、普段では考えられないような時間まで読書にふけったりした。

勉強は嫌いだったが、本だけは好きな子どもだった。知識欲があるとかいうわけでは

なく、幼児のころから寝る前に母が絵本を読んで聞かせてくれることが習慣化していたために、自分で文字が読めるようになってからも、布団のなかで数十分間の読書をしないと眠れない体質になっていたのだ。なにか決まったことをしないと眠れないというのはよくあることだそうで、専門用語では「就眠儀式」とかいうらしい。この体質は今でも変わっていない。

そういう子どもだったので、みんなが大嫌いな読書感想文にもまったく嫌悪感はなかった。通常の国語の授業より、よっぽどいい。小学生時代、授業中に感想文を書かされる際は、なぜか「早く書きあげた人は絵でも描いてなさい」ということになっていて、サッサと提出して、残りの時間はずっとノートに『ドラえもん』などの絵を描いていた。

今はどうだか知らないが、当時は「作文は長ければ長いほどいい」みたいな価値観が先生たちにあったらしい。原稿用紙一枚だと「もっとがんばりましょう」、二枚だと「よく書けていいます」、三枚以上になると「立派です」と言われて、みんなの前で読みあげられたりする。このいい加減な判定方法のせいで、長ったらしい文章を早く書く習慣が身についた。

ライターになった現在、なぜか「早く」という能力は退化したのに、「長ったらしい」というクセが抜けない。せめて先生たちが「文章は規定文字数内で簡潔に」という方針で指導していてくれたら、今ごろこんなに苦労はしていないと思う。

課題図書あれこれ

夏休みの読書といえば、毎年、休み前にリストが配布される課題図書である。

全国学校図書館協議会などが主催する青少年読書感想文全国コンクール（一九五五年

スタート）の対象書籍で、このなかから読みたい本を選んで感想文を書く、というのが、多くの小中学校で夏休みの宿題に採用されている。課題図書のカバーに印刷された金色の丸いマークは、多くの人が記憶しているだろう。

ぼくは、あれをずっと「木の枝を持ったカッパ」だと思っていたが、実は「牧神」、いわゆる「パン」なのだそうだ。手に持っているのは笛。とあるブロンズ彫刻をモチーフにして一九六九年に制定されたそうだが……半人半獣の「パン」というのは、どちらかというと悪魔的な存在で、フルートを吹いて人々の色情を煽《あお》るんじゃなかったっけ？

記憶に焼きついている「青少年読書感想文全国コンクール」対象書籍のマーク

どういう経緯で子どもたちの読書感想文コンクールのマークに採用されたのだろう？

過去の課題図書を見てみると、確かに図書館や書店で目にした懐かしいタイトルがずらずらと並ぶのだが、ほとんどが表紙の記憶だけ。実際には読んでいないらしい。夏休みの読書感想文には課題図書のほかに「自由枠」のようなものがあって、リストに読みたいものがない場合は、勝手に好きな本をチョイスしていいことになってい

●1970年度　小学校

『大きい1年生と小さな2年生』作／古田足日　絵／中山正美（偕成社）

●1964年度　中学校

『シロクマ号となぞの鳥』アーサー・ランサム（岩波書店）

●1964年度　小学校

『エルマーのぼうけん』作／R・S・ガネット　絵／R・C・ガネット（福音館書店）

た。先生たちが「読みなさい」とすすめる本はたいていつまらないと思い込んでいるタイプの子どもだったので、どうも毎年、リストを無視して自分で本を選んでいたらしい。

　確かに読み、確かに感想文も書いたことをはっきり覚えているのは、七五年に選定された『イシダイしまごろう』（作・菅能琇一、絵・渡辺可久／文研出版）。小学校の二年生のときだ。同じく課題図書に選定されていた『おしいれのぼうけん』（作・ふるたたるひ、絵・たばたせいいち／童心社）と両方を読んで、『イシダイしまごろう』を選んだのを覚えている。『おしいれのぼうけん』のちょっと怖い感じなどは今もよく覚

●1975年度　小学校低学年

『イシダイしまごろう』作／菅能琇一　絵／渡辺可久（文研出版）

『おしいれのぼうけん』作／ふるたたるひ　絵／たばたせいいち（童心社）

えていて、かなり好きな本だったはずなのだが、おそらく「絵本みたいで子どもっぽいと思われる」みたいなことを考えて、文字が小さくて絵も少ない『イシダイしまごろう』で宿題を提出したのだと思う。イヤな子どもだ。

それから、七八年の『ガラスのうさぎ』（作・高木敏子／金の星社）も読んだ。これは母が勝手に買ってきて、「これにしなさい」と強制されたのだと思う。

我々世代は小中を通じて、ことあるごとに反戦物語や反戦映画に触れてきた。特に学校で映画館を貸りきって鑑賞させられてきた反戦映画のなかには、子どもの目で見ても「なんかいい加減だなぁ」というもの

●1978年度　中学校

『新版 ガラスのうさぎ』作／高木敏子
絵／武部本一郎（金の星社）

●1976年度　小学校低学年

『先生のつうしんぼ』作／宮川ひろ
絵／小野かおる（偕成社）

が多かったと思う。あの戦争はなんだったのか、どうして戦争なんてことが起こったのか、ということにはいっさい触れられないまま、ただひたすら個々の登場人物の悲壮感だけがドラマチックに強調されるので、見ていて自分の意見の持ちようがない。「とにかく昔の人は苦労したのだから、君たちもがんばりなさい」と頭ごなしに言われているようで、しまいには、戦時下の過酷な生活を賛美するかのようなムードさえ感じられたりもした。

　ぼく世代の多くは、祖父母や両親から戦争の話を直接聞いているので、反戦意識は強い。しかし、あの種の教材には反発を覚えた。

『ガラスのうさぎ』もそういうもののひとつだと思っていたので、あまり気が進まなかった。が、自分が目にしたものだけを淡々と描いていく作者の筆致は、雰囲気だけの形骸《がい》化した反戦作品とはまったく違うものだった。主人公の少女の父が機銃によってあっけなく殺されてしまう場面は、読んでいるときに頭のなかで鳴った乾いた銃声とともに、今もはっきり記憶されている。

意外だったのが、『クワガタクワジ物語』（作・中島みち／偕成社）が一度も課題図書に選ばれていなかったこと。これは同世代の男子なら多くの人が覚えていると思うのだが、七五年ごろにちょっとしたベストセラーになったはず。ぼくの学校でも、多くの子どもがこれで夏休みの読書感想文を書いていた。てっきり課題図書になっていたとばかり思っていたが、このブームは当時の昆虫ブームの余波だったようだ。主人公がかわいがっていたクワガタが、母親が部屋にまいた殺虫剤のせいで死んでしまう、という幕切れはけっこうショックで、読みおわったあと、ぼくも自分の母親に「飼育箱のそばで『キンチョール』を使っちゃダメ！」としつこく念を押した。

夏休みの読書ノルマ

課題図書とは別に、「夏休みには本を○冊読みましょう」みたいなお達しが学校から出されていて、これも一種の宿題になっていた。確か方眼紙みたいな「読書カード」が配布され、一冊読むごとに丸いシールを貼っていくシステムだったと思う。「薄い本で数をかせぐ」というのが多くの子の常套《とう》手段だったが、ぼくの場合、これにかこつければほしい本を買ってもらえるというのがあったので、素直に読みたい本を読んでいた。

夏休みの本といえば、なんといってもアーサー・ランサムの『ツバメ号とアマゾン号』。当時は岩波少年少女文庫から上下巻構成で刊行されていた。夏休みならではの子どもたちの「気分」がこれほど生々しく活写された作品はほかにないと思うが、その魅力にちゃんと気づいたのは大人になって再読してからだ。

「プーさん」シリーズを読んで、ディズニーのアニメとはまったく違う奇妙な雰囲気に魅了されたり、同じくディズニー映画で見ていた『不思議の国のアリス』を読んで、次々と起こる不気味なできごとに頭をクラクラさせたのも夏休みだった。そう、『プーさん』といえば、『ノンちゃん雲に乗る』でおなじみ、訳者の石井桃子の本にもお世話になった。

●少年少女講談社文庫「ふくろうの本」

1970年代初頭から80年代にかけて刊行されたシリーズ。世界の名作文学、ミステリー、SF、冒険小説などから、歴史や自然科学に関する本までがラインナップされていた

『宇宙人のしゅくだい』小松左京　背中がヒヤリとするような鋭いオチを持つ秀作ぞろいの短編集

『怪談2』ポーほか　ポーや小泉八雲ばかりか、なんとラヴクラフトまで収録

『透明人間』H・G・ウェルズ　あまりにダークな展開に衝撃を受けた

*3冊ともに現在は絶版だが、『怪談2』以外は「講談社青い鳥文庫」版で購入可能

夏の記憶と切りはなせないのが、小四の夏休みに集中的に読んだ講談社「ふくろうの本」のH・G・ウェルズのSF作品。『透明人間』『宇宙戦争』『タイムマシン』（は「フォア文庫」だったかな？）などを読みまくった。で、十中八九、読んだあとに寝られなくなる。『タイムマシン』の後半、「未来の世界では人が人を食べている！」ということが明らかになるシーンでは慌てて本を閉じたし、『透明人間』のラスト、主人公が無残に撲殺されてしまうところでは、どうしようもなく動悸《どうき》が激しくなって、知らず知らずに変な涙が出てきたのを覚えている。

七〇年代お子ちゃまサブカルチャー事情

読書といっても、先生に堂々と「読みました!」と報告できる本ばかりを読んでいたわけではない。我々世代の大半が子ども時代にもっとも親しんだ本といえば、マンガを除けば、各出版社から無数に出されていた「〇〇入門」や「〇〇百科」などのシリーズだと思う。「ジュニアチャンピオンコース」(学研)、「ジャガーバックス」(立風書房)、「ドラゴンブックス」(講談社)、「ケイブンシャ大百科」(勁文社)、「入門百科」(小学館)、「なぜなに学習図鑑」(小学館)などなど。

知らない世代にはちょっと伝わりにくいと思うが、この種のシリーズには「百科」とか「学習」という言葉が冠されているが、基本的には勉学にはいっさい役立たない。むしろ先生が顔をしかめるような情報、というか「妄想」が満載なのだ。各シリーズと

各種ホビーから超能力訓練までをカバーしていた小学館「入門百科シリーズ」。赤塚不二夫監修の『まんが入門』(1971年/左)と、表紙イラストを矢口高雄が描く『ルアーづり入門』(1981年/右)

もテーマは多岐にわたり、「釣り入門」「料理入門」など、それなりに実用的なものもあった。女子向けの「おまじない入門」「占い入門」あたりから少々オカシクなり、シリーズのメインとなるのは、「UFO」「心霊写真」「ノストラダムス」「超能力」など、ありとあらゆるカルトなテーマのオンパレード。しかも、その内容がかなりブッ飛んでる。「未来はこうなる！」と断言する力強い見出しにつづき、「もうすぐ氷河期が来る！」と力説する文章が掲載され、その理由がわかったようなわからないような文章で説明されていたり、さらに「いずれ人間はイルカに支配される！」なんていう記事もあった。理由は「イルカはけっこう頭がいいから」というだけ。そんな絶望的な終末論のすぐ次には、「二一世紀には海底に人が住めるようになる」とか、「火星のコロニーでバカンス」なんていう超楽天的な話題が掲載されていたりして、もう支離滅裂。いたいけな我々子どもは、どうしていいかわからないような気分で、しかし、なぜか抗えないよ

70年代サブカルキッズのバイブル「なぜなに学習図鑑」（小学館）。1972年発行の『ロボットと未来のくらし』（左）と同年発行の『びっくり理科てじな』（右）。どちらの本にも夢見がちな男子の目を釘づけにする衝撃的イラストが満載だった

うな魅力を感じながら、かたっぱしからむさぼり読んだ。

男女ともに、この種の本が家に一冊もなかったという子など皆無だったはずだ。今から考えると、これらの本が我々世代の人格形成に与えた影響は、冗談では済まされないほどに大きかったと思う。我々を「サブカルチャー世代」、というか「夢見がち世代」たらしめた元凶（？）の一端は、間違いなくここにある。

非常にマズイことに、ぼくはこの手の本が人一倍好きだった。「ＵＦＯ」でも「幽霊」でも「ツチノコ」でも、「あるかないかわからないもの」にならなんでも興味を持った。あるとわかっているものへの興味なら、将来、なにかの成果を生む可能性があるが、なさそうなものばかりに向かう好奇心はたちが悪い。さらにマズイことに、大人になった今でも、この傾向が少しも修正されていないことには自分でも本当にあきれてしまう。

九〇年代以降、例のオウム事件もあったりして、この種の子ども向け怪情報は主なメディアから一掃された。確かにカルトを支えるトンデモ思想は、「夢見がち」な我々世代が少年少女時代に育んだ「フシギ大好き！」な気持ちと紙一重だ。それでも、世相がどうあれ、子どもというものは多かれ少なかれ「見えないものが見たい」という奇妙な好奇心を持っていると思う。平成っ子たちは、その欲望をどうやって満たしているのだろう？

①

②

③

④

●秋田書店「大全科」シリーズ
発売年：1978年〜　価格：670円〜
問合せ：株式会社秋田書店／03-3264-7011

70年代のサブカル児童書のテイストを今も色濃く残しているシリーズが、商品を容易に絶版にしないことで知られる秋田書店の「大全科シリーズ」だ。エグいスチル写真満載のホラー映画ガイド①『ホラー大全科』（1986年）、国内外の妖怪図鑑②『妖怪大全科』（1980年）、いまひとつコンセプトがわからない③『悪魔オカルト大全科』（1983年）、ノストラダムス以降の予言にスポットをあてた④『恐怖の予言大全科』（1987年）。かつての「ケイブンシャ大百科」のようなぶ厚い小型本のスタイルで、なぞなぞ、マジック、オカルト、恐竜など、おなじみのテーマで構成される。70年代後半から刊行が開始されているが、現在、入手できるのは主に80年代以降のもの。それでも我々世代が親しんだタイトルが、ほぼそのままの形で残されている

宿題

——後悔、先に立たず

迫りくる「終わり」

いつまでもつづくように思われた夏休みだが、着実に「終わり」は近づいているのだ、ということを最初に意識するのは、おそらくお盆休みが終了するころだと思う。

小学生時代のぼくは、お盆明け前のニュースで「Uターンラッシュ」という言葉を聞くのが大嫌いだった。

「明日でお盆休みも終わり、今日がUターンラッシュのピークとなる模様です。帰省先から都心に戻る車で、各高速道路はすでに大渋滞を起こしています」

アナウンサーのこういうセリフを聞くと、ドヨ～ンとしてしまう。夏の「本番」はすで

に過ぎ去ってしまったという、絶対に考えたくないことに気づかされてしまうからだ。

さらに腹立たしいのは、八月下旬に入ったころのニュースなどで、アナウンサーが「もうすぐ夏休みも終わりですね」みたいなことを軽率に口にすることだ。特に日曜夜七時のＮＨＫニュースの最後のシーンで、こういうことがよく起こった。「今日の○○海水浴場の様子」みたいな映像をバックに、にこやかな顔のアナウンサーがとんでもないことを口にしたりする。

「さぁ、今日が夏休み最後の日曜日。海水浴場は、夏の終わりを楽しむ家族連れでにぎわいました。子どものたちのなかには、明日から宿題に追われる子も多いでしょうね」

なんでわざわざそんなことを言うんだろうなぁ……と、気分がズッシリ重くなる。どうして「まだ一週間ありますね！」という方向のコメントで、子どもたちを元気づけてくれないんだろう？

大きなため息をつくと、長らく放置しつづけていた山積みの宿題が頭に浮かぶ。いよいよあれをどうにかしなければならない。

「だから早くやっちゃいなさいって言ったでしょ！」

夏休みの宿題を「早めに済ませる派」だった人にはわからないと思うが、「遅めに済ませる派」というか、「済ませられなかった派」だった人々にとって、夏休みの終わりの「半ベソ体験」は一生ついてまわる問題である。

ぼくはもちろん「済ませられない派」だったが、泣きながら「計算ドリル」と格闘した苦悶の時間を、大人になってからも幾度となく追体験している。この原稿を書いている現在もまさにそうだ。そのたびに「ああ、あのころの八月の終わりと同じだなぁ」と苦々しく痛感する。宿題の焦燥感は、「そういうこともあったよね」という懐かしい昔話ではない。「そういうこともあった」人は、もう死ぬまで「そういう人」なのではないかと思う。仕事やら確定申告などの書類提出義務やら、人はいくつになっても「いついつまでに、これこれのことをやらなければならない」に追われるわけで、「そういう人」はそのたびに「夏休みの終わりの小学生」状態に陥るのだ。

半ベソ小学生にとって、修羅場の最中にもっとも聞きたくない言葉がある。

「だから早くやっちゃいなさいって言ったでしょ！」

多くは母親の口から発せられる言葉だ。なぜ聞きたくないかと言えば、このことは本人もはじめから重々承知しているからだ。七月に先生から宿題を渡された時点で、「早めにやっちゃったほうがいいな」ということはすでに考えている。そして今まさに、「早めにやっとけばよかった」という後悔を、誰よりも強く感じているのも本人なのである。

そして、さらに聞きたくない言葉がつづく。

「なんで、あなたはいつもそうなのよ！」

それはむしろ、こっちが聞きたいのだ！　その昔、よく欽ちゃんがテレビで「なんでそ〜なるのっ？」と叫んでいたが、泣きながら宿題をやる小学生の頭のなかには「なんでいつもこうなるの？」という苦渋に満ちた自問自答が渦巻いている。そしておそらく、この問いには答えがない。来年の夏休みはこうならないようにしようと決意したところで、来年の夏休みどころか、大人になっても「なんでこうなるの?」な状況が多発する。夏休みの宿題は早めに済ませたほうがよい。これは正しい。真実である。しかし、こうした大上段にふりかざされる「正しさ」を前にすると、いつも思いだすことがある。

確か坂口安吾だったと思うが、「人はいずれ死ぬ」という言葉は「本当すぎるので意味がない」といったことを書いていた。「本当すぎる」言葉には、「本当すぎる」からこそ口にする「意味がない」。そんなことは誰でも知っているし、知ったところで対処のしようなどありはしない。もっともらしく響くだけの空虚な真実だ。

「宿題は早めに済ませたほうがよい」も同じだ。それは正しいし、わかってもいるが、ただそれだけなのである。本当すぎて意味がない。

ドリル

ドリル。なんとも恐ろしい響きだ。頭ガイコツに穴を開けられそうな気がする。実際、昔から小さな問題集の呼称として使われている「ドリル」は、「基礎練習、基礎訓練」などを意味する英語だが、「掘削機」のドリルとつづりは同じなのだそうだ。

ぼくの場合、夏休みの宿題のなかで、いつも最後まで残るのがドリル類だった。読書感想文や「〇冊以上本を読め」という読書ノルマなど、本関連の宿題はいつも早めに終了する。自由研究の工作なども、ほとんどの場合はお盆までになんとかなっていたと思う。八月後半までひきずるのが各教科のワークブック（大判の問題集）で、しかし、これは夏休みの宿題のなかでももっとも量が多く、いわば宿題のなかの親玉的存在。最初から警戒感を持っているので、一応は七月からそれなりに取り組むことが多かったため、八月下旬になっても丸残り、という状態にはならなかった。惨憺《さんたん》たるありさまになるのが絵日記類、そして「漢字ドリル」「計算ドリル」だった。

現在、多くの出版社から販売されているドリルは大判の本が主流のようだが、ぼくの時代のドリルはやけに細長い小さな冊子で、「漢字ドリル」は横綴《と》じ、「計算ドリル」は縦綴じというスタイルが定番だった。小さくて厚みもないので、分量的には大したことがないように見えるのがクセモノで、中身にはビッチリと基礎問題が印刷されている。ワークブックの場合、一ページに基礎問題から応用問題まで、さまざまなバリエーションが掲載されていて、ある程度の緩急というものがあった。いやいや取り組んでいても、やっているうちにそれなりに集中できて、「あ！　いつの間にかこんなに進んだ！」なんてこともあるのだ。が、ドリルは違う。まるまる一冊基礎問題。「計算ドリル」なら最初から最後まで計算、「漢字ドリル」なら書き取り関係がひたすらつづく。それこそがドリルの趣旨なのだが、この終わりの見えない一本道を同じスピードで走りつづける、みたいな苦行が、子どもにはものすごくキツイ。結果、「ちょっと、これはあとにしよう」ということになって、「あと」がなくなるまで「あと」にしてしまうのである。

昔のマンガ、たとえば『サザエさん』などには、夏休みの終わりに一家総出で「カツオ」の宿題に取り組むという お決まりの場面があるが、我が家では「親が手伝う」はタブーだった。かといって放置されるわけでもなく、「どうやら間に合わないらしい」ということが親に知れると、「母親の監視のもとで宿題をやる」という切迫した状況に追い込まれた。しかも、逐一、答えが合っているかを母親がチェックする。「計算ドリル」などは七割くらい正解してりゃいいやと覚悟を決めて、残りの問題に適当な数字を並べたりしていたが、こういうのはすぐにバレてしまうのだ。

勉強机にぼくが座り、そのわきに椅子をおいて母親が座り、そしてどんどん夜がふけていくあの八月の終わりの感じ……。今思いだしても身の毛がよだつようだ。

PEANUTS ©United Feature Syndicate, Inc.

●くりかえし計算ドリル（左）、くりかえし漢字ドリル（右）
発売年：1960年代後半　価格：各330円
問合せ：株式会社教育同人社／電話番号非掲載

北海道から沖縄まで、全国の学校で活用されている「漢字ドリル」「計算ドリル」の2010年度版。昨今のドリル類は大判の冊子になっているものも多いが、教育同人社の商品は我々世代にもおなじみの細長いスタイル。ただ、表紙や中ページに「スヌーピー」のイラストをあしらうなど、かつてのものよりずっと楽しげな雰囲気になっている。基本的に学校に直接販売される商品なので、市販はされていない

全ページが4色印刷で、かなりカラフル。我々が苦しめられた単調なドリルとは大違い

まさかこれほど宿題を残していると思っていなかった母は、当然、終始プリプリと怒っている。目つきも言葉も答えのチェックもひたすら厳しく、いくら泣きごとを言っても「自分が悪いのよ」という言葉しか返ってこない。そしてとうとう、「とてもじゃないけど終わらないよ〜っ！」という絶望感がピークに達して、「計算ドリル」のページの上にポタリと涙が落ちる。すると母はお決まりのセリフを言うのだ。

「だから早くやっちゃいなさいって言ったでしょ！」

あの日のお天気

毎回、絵日記の類いにも苦労させられた。

小学校の先生たちは、とにかく「あいつらは目を離すとなにをするかわからない」と思っていたらしく、やたらと子どもたちに細かい生活記録をつけさせたがった。いわゆる絵日記帳のほか、生活チェック表のようなプリントも配られ、絵日記には日々のできごとを自由に記載、チェック表には「起床時間」「勉強時間」「遊び時間」「読んだ本」などを項目ごとに記録することになっていた。

絵日記には八月に入ったあたりで飽きてきて、徐々に「とてもあつかった。」「なにもしなかった。」みたいな文章ばかりが増えていき、絵も描きなぐりの人とか自動車とか虫とかが断片的に配置されるような、いまひとつ状況がつかめないものばかりになっていった。そして、最終的には放置ということになる。

そういえば、アサガオの観察日記も同じような流れで放置に至るのがお決まりだった。花が咲きはじめたころから「とくにかわりません。」みたいな文面がつづき、絵もビッチリと色を塗り込んだものから、単なる線画に簡略化されていった。

日記類でやっかいなのは、天気の記録である。できごとのほうはなんとかなる。親に聞くなりすればある程度は思いだせるし、思いだせなくても、「あつかった」とか「いえにいました」みたいなことを並べたてておけばよい。しかし、天気は正誤がはっきりしてしまう。八月の終わりに八月三日の天気を思いだすなど、できるわけがない。

結局、いつも親に古新聞を出してもらったりして、大慌てで調べることになった。新聞をゴミに出してしまった直後だと、もう打つ手がない。

今でもそういうことはあるのかもしれないが、当時、ニュースなどではよく「夏休みも終わりに近づき、気象庁には子どもたちの問い合わせの電話が殺到しています」と報道されていた。電話をすると、過去の天気を教えてくれるらしいのである。ぼくはやったことがない。「そこまでしなくても」と、要するにめんどくさがっていたのだと思う。代わりに、よく使った手がある。

当時、我が家の台所の壁には、毎年のお正月に銀行かなんかで配布される細長いカレンダーがかけてあった。このカレンダーのページには、日付ごとに太陽やカサ、雲のマークが記載されていて、これが一年分の天気予報になっている。天気を調べる算段がどうしてもつかないときは、「もう、これでいいや」と、もちろん親には内緒で、このカレンダーの天気予報を丸写しした。あくまで予報であり、しかも一年分の長期予報なので、正確さは望めない。っていうか、当時の年間天気予報など、かなりの確率で間違っていたと思う。それでも、「空白よりはマシ」だと思っていた。今考えると「空白のほうがマシ」だったような気がする。

●ジャポニカ学習帳（絵日記）
発売年：1970年代　価格：各178円
問合せ：ショウワノート株式会社／03-5541-8071

ご存じ「ジャポニカ学習帳」の「絵日記」（4〜6年生向け）。ショウワノートは50年代から「エリート学習帳」などの学習用ノートを販売していたが、1970年、小学館の『ジャポニカ百科事典』と提携、学習百科ページつきの『ジャポニカ学習帳』シリーズを発売した。表紙に大きく写真を掲載し、ロゴも金箔押し。通常のノートが30円の時代に50円の定価をつけたが、機能性と新しさで子どもたちの定番学習ノートになる。発売翌年には中原ひとみを起用したCMが話題になり、翌72年は日本PTA全国協議会推薦商品となる。1978年からは「世界特写シリーズ」がスタートし、表紙写真には世界の自然を写したオリジナル写真が掲載されるようになった

1977年の「ジャポニカ学習帳」(日記帳)。裏表紙では、「ジャポニカ学習図鑑」の美しいカラー写真で昆虫や植物を解説。表紙右上に描かれたキャラに注目。懐かしい!

1979年、「世界特写シリーズ」がスタートした年の日記帳。取材班が世界各地で撮影したオリジナル写真を掲載している。中ページにも豆知識的な記事があり、授業に退屈したときによく読みふけったものだ

不自由研究

夏休みの宿題ならではのものが、いわゆる自由研究だ。

これにはあまり苦労した覚えがない。好きだったわけではないが、工作キットを買ってもらえたりするので、宿題のなかでは比較的好感を持っていたと思う。自由研究といっても、なにかを調べてレポート化するという類いのことに取りくんだことはなかった。このパターンは女子に多く、当時、男子はたいてい工作を課題にしていたはずだ。

渋谷区には児童会館という施設がある。小さな科学体験館のような場所で、この地下が「工作教室」になっていた。作業台や道具など、工作に必要なひととおりのものがそろっているうえに、アドバイスをしてくれる先生もいる。また、併設された売店には、プラモデルをはじめ、モーターや豆電球、発泡スチロール板、木材などまで、工作の材料やキットが売られていた。夏休みの工作では、よくこの教室のお世話になった。母親と出かけていくと、工作をしにきたはずなのに、いつも売店のプラモデルがどうしてもほしくなってしまう。宿題のことはすっかり忘れ、例によって「あれ買って、あれ買って！」となるので、「宿題やりにきたんでしょっ！」と毎回怒られていた。この教室で、板とモーターを使って、動くカブトムシの模型をつくったのを覚えている。あれはクラスの仲間にも評判がよくて、教室のうしろに展示されている間、ずっと鼻が高かった。

ただ、記憶をたどってみると、やはり自由研究でもいろいろといい加減なことをしていたことを思いだす。家族旅行で行った海辺の土産もの屋で小さな貝殻の標本を買って、それをそのまま提出したこともあった。こうなると宿題ではなく、先生に土産をわたしているようなものだ。買ったものをわたすパターンで忘れられないのは、これもどこかの海辺の土産もの屋で買ったカブトガニの剥製《はく》。「生きた化石」といわれるカブトガニを「剥製にしちゃっていいのかな?」とぼくも親も首をかしげたが、まんじゅうなどを売ってる普通の土産もの屋で大量に売られていたのだ。しかも、すごく安かった覚えがある。「これは珍しくていいや」と購入し、適当な解説文を書いて提出しようと思っていたのだが、夏休みの終わりになったら腐って虫がわいた。

また、いつもは比較的スムーズにことが運ぶ工作でも、一度だけ苦汁をなめたことがあった。五年だったか六年だったか、すでに高学年になっていたときのことだ。その年はほかの宿題の遅れ具合がすさまじく、八月末日の夜に半ベソ状態でやっと終えたあとも、工作だけが残っていた。昼間から夜中までドリルやワークブックに追いまくられ、

ロープウェイ工作セット
（1999年）1260円

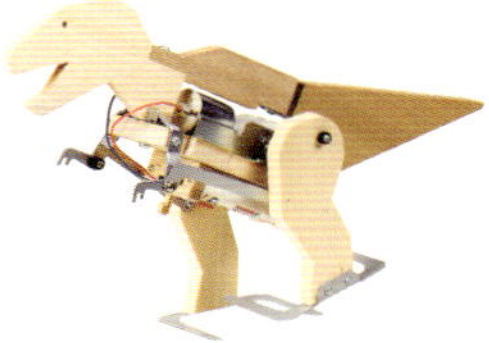

歩くティラノザウルス工作セット
（1993年）1890円

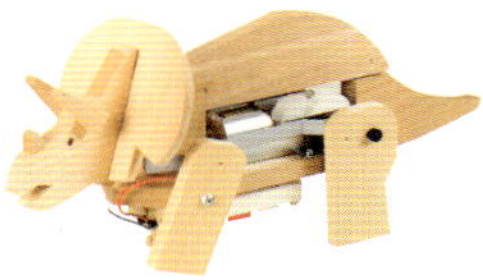

歩くトリケラトプス工作セット
（1993年）1890円

歩く象工作セット
（1995年）1365円

バギー工作基本セット
（1997年）1890円

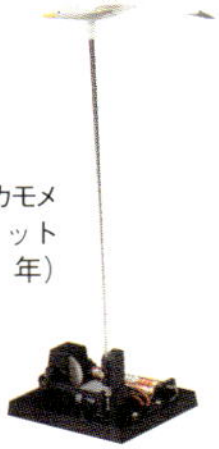

はばたきカモメ
工作セット
（1995年）
945円

●タミヤ 楽しい工作シリーズ
発売年：1971年～
問合せ：株式会社タミヤ／054-383-0003

夏休み自由工作の強い味方、タミヤの「楽しい工作シリーズ」。1971年にシリーズの販売がスタートした定番商品だ。木材とモーターで組みあげる四足歩行の動物模型やロープウェイなど、我々世代も親しんだ定番の工作キット類は現代っ子たちにも親しまれているようだ。この種のキットをつくって宿題として提出する場合、板部分にオリジナルのカラーリングを施したり、独自のパーツを加えてプチ改造を行う子が多かった

タミヤの「水中モーター」（2002年発売、735円）。現在は単4電池を使用するタイプも販売されている

もはや精も根も尽き果てている。とてもこれからなにかをできる状態ではなかった。しかし「工作はどうすんのよ!」という母の追及は厳しく、しかたなく、ありあわせの牛乳パックや紙コップを使って、一〇分くらいでむりやりロボットをでっちあげて寝た。

翌日の朝に見てみると、ぼくのロボットは『できるかな』で「ノッポさん」がつくる幼児向け工作よりさらにひどいデキで、とても高学年の作品とは思えない。学校に持っていくのがとても恥ずかしかったが、しかたがない。

夏休みの工作は、二学期の間中、教室の後ろに展示される。ぼくのゴミの塊のようなロボットも、「作者名」が記入された名札つきでロッカーの上に展示された。あそこに並べられた展示品は、時がたつにつれて徐々に数を減らしていくものである。休み時間や掃除の時間に、男子が暴れて誰かの工作を落として壊す、ということが毎日のように起こるからだ。

ぼくは「早く誰かがあれを壊してくれないかなぁ」と思いつづけていたのだが、その後、ロボットは誰からの攻撃も受けることなく、クリスマスが近づくころまでロッカーの上にさらされていた。

九月一日——あとがきにかえて

夏の終わり。なにもかもがキラキラと輝いていた季節は過ぎ去ってしまった。

七時の目覚ましで起こされる朝、まだボーッとした頭で「これが夢だったらいいのにな」なんて考える。本当は今日が九月一日じゃなくて、八月一日だったらいいのに。いや、それよりも、今日、登校してみたら、『漂流教室』みたいに学校が跡形もなく消えていればいいのに……。

イヤだ、イヤだ、という気持ちはいつも、教室に一歩足を踏み入れると、ふっとやわらいだ。「よぉ」とか「おぉ」とか、友だちと簡単な挨拶を交わして、久しぶりに会ったことがなんとなく恥ずかしくて、互いにニヤニヤしながら顔を見合わせる。

長い間止まっていた時計が、再びカチカチと動きだす音が聞こえる。

時間は確実に流れていく。ぼくたちの気持ちなんておかまいなしに。なにもかもが「あっ！」という間だ。ってことは、すぐに冬休みが来る。冬休みだって悪くない。日数は短いけど、なにしろ、夏にはないクリスマスとお正月があるんだ！

あぁ、早く冬休みが来ないかな。

索　引

取材にご協力いただきました各企業様に心より感謝いたします。

秋田書店	教育同人社	小学館	パール金属
イガラシ	金の星社	ショウワノート	福音館書店
池田工業社	クラシエフーズ	大日本除虫菊	フットマーク
池田模範堂	講談社	ダイヤケミカル	フマキラー
岩波書店	興和	タミヤ	文研出版
エーザイ	コロムビアミュージック エンタテインメント	ツムラライフサイエンス	前田産業
大塚製薬	ササガワ	東洋マーク	南松商店
偕成社	サッポロウエシマコーヒー	童心社	向井工業
花王	参天製薬	内外ゴム	森永乳業
カルピス	三和商会	日本装飾造花	ライオン
かんぽ生命	資生堂	日本ボデーパーツ工業	和光堂
キッズファッションマイウェイ		日本レストランエンタプライズ	(50音順)

ロングセラー商品でつづる昭和のくらし
まだある。こども歳時記〈夏休み編〉

2010年6月28日　初版第1刷発行

著　者　初見健一
発行者　加藤玄一
発行所　株式会社大空出版
東京都千代田区神田錦町3-7-2　東京堂錦町ビル7階　〒101-0054
電話番号　03-3518-6651
URL　http://www.showanavi.jp/

写真撮影　関 真砂子
デザイン　大類百世
校　正　松井正宏　齊藤和彦
印刷・製本　シナノ書籍印刷株式会社
取材協力　NPO法人文化通信ネットワーク

ISBN978-4-903175-29-4 c0077